Monika Herz

Mit Zahlen heilen

Monika Herz

Mit Zahlen heilen

Das Praxisbuch

nymphenburger

© 2013 nymphenburger in der
F.A. Herbig Verlagsbuchhandlung GmbH, München.
Alle Rechte vorbehalten.
Schutzumschlag: atelier-sanna.com, München
Illustrationen Bewusstseinsebenen (unter der Verwendung
der Zeichnung »Der vitruvianische Mensch« von
Leonardo da Vinci), Enneagramm und Zahlensymbole:
Oliver und Jakob Herz, Karlsruhe
Satz: EDV-Fotosatz Huber/Verlagsservice G. Pfeifer, Germering
Gesetzt aus: Sabon 10,3/13,4pt
Druck und Binden: GGP Media GmbH, Pößneck
Printed in Germany
ISBN 978-3-485-01409-0

Auch als

www.nymphenburger-verlag.de

Inhalt

Widmung........................... 8
Hinweis........................... 9

Die Frage nach der Unendlichkeit 10

Zahlen-Heilen ist geistiges Heilen 11

Zahlen-Heilen ist Heilen mit Bewusstsein ... 12
Die vier Ebenen des Bewusstseins 16
   Die Ebene des physischen Körpers 17
   Die Ebene des Astralkörpers 18
   Die Ebene des Mentalkörpers 21
   Die Ebene des spirituellen Körpers....... 22
Wie im Kleinen, so im Großen 27
Mit Zahlen Heilen ist Heilen mit
Schwingung 27

Zahlen und ihre Bedeutung 30

Was macht den »Geist einer Zahl« aus? 30
Die Null............................ 36
Die Eins............................ 44
Die Zwei 52

Die Drei	60
Die Vier	69
Die Fünf	77
Die Sechs	83
Die Sieben	91
Die Acht	97
Die Neun	104
Die Zehn	109
Die Zahlen 11, 12 und 13	114

Die Anwendung in der Praxis	117
Wir ermitteln eine passende Heilzahl	120
Allgemeingültige Heilzahlen	120
Individuell gültige Heilzahlen	121
Wie sollen wir üben?	130
Zahlen stets einzeln oder paarweise verwenden	130
Die Wahl einer Konzentrations-Methode	131
Grundübung	134
Die Vorbereitung	134
Körperhaltung und Mimik	135
Formulieren Sie Ihr Anliegen	135
Konzentration auf die Zahl	136
Bedanken Sie sich	137

Grundübung – Erweiterung 139
  Körperhaltung – Mimik – Augenhaltung . . 139
  Formulieren Sie Ihr Anliegen 140
  Konzentration auf die Zahl 140
  Bedanken Sie sich................... 141
Grundübung – Erweiterung für das Wohl aller Wesen 142

Das scheinbar Unmögliche möglich machen..................... 144

Dank 145
Literatur 148

Widmung

Möge dieses Buch ein Beitrag sein,
- damit wir das Potenzial des geistigen Heilens besser verstehen und anwenden können,
- damit wir uns selbst und andere von Krankheiten und Leiden befreien können,
- damit wir und alle Wesen noch für lange Zeit ein glückliches und freies Leben hier auf unserer wunderbaren Erde leben können.

Monika Herz

Hinweis

Wir weisen darauf hin, dass geistiges Heilen eine ärztliche Behandlung nicht ersetzt. Die Ergänzung konventioneller Behandlungsmethoden durch Methoden geistigen Heilens, welche geeignet sind, die Selbstheilungskräfte zu aktivieren, ist jedoch zulässig (Urteil des BVerfG vom 02. März 2004) und unseres Erachtens auch sinnvoll.

Die hier beschriebene Methode ist spiritueller Art und steht den verschiedenen Religionen, ihren Philosophien und ihren Riten näher als der Medizin.

Wir sind uns dessen bewusst, dass insbesondere Kranke, die als unheilbar gelten, besonderen Schutz vor Fehlvorstellungen und Ausbeutung benötigen. Die Autorin hat nach bestem Wissen beschrieben, wie spirituelle Heilung mit Zahlen geschehen kann.

Verlag und Autorin können keine Haftung für etwaige Schäden übernehmen, die sich durch die praktische Anwendung der vorgestellten Methode des Zahlen-Heilens ergeben, sollten die Betroffenen die Behandlung durch Ärzte und Heilpraktiker unterlassen.

Die Frage nach der Unendlichkeit

Vor etwa 20 Jahren, als meine Kinder noch klein waren, dachten wir gemeinsam darüber nach, was eigentlich Unendlichkeit sei. »Das Universum ist unendlich!«, meinte der eine. »Die Zeit – sie geht immer weiter!«, rief der Nächste. »Zahlen!«, so grübelte der Dritte, »Zahlen enden nie.« Ich erinnere mich noch gut, wie wir alle miteinander versuchten, das Rätsel der Unendlichkeit zu denken. Und wie es uns nicht gelingen wollte. Später dann gingen wir an die große Tafel, die bei uns im Gang hing, und malten mit bunten Kreiden immer und immer wieder das Unendlichkeitszeichen an die Wand: die liegende Acht, auch Lemniskate genannt.

Wer weiß, vielleicht hat das Malen der liegenden Acht damals mehr Heilung in unser Leben gebracht, als uns bewusst ist?

Zahlen-Heilen ist geistiges Heilen

Dieses Buch ist ein Arbeits- und Praxisbuch. Ich empfehle Ihnen, die vielen geistigen und praktischen Anregungen, die Sie hier finden werden, nicht wie eine weitere Flut von Informationen aufzunehmen – und dann wieder zu vergessen. Wenn Sie wirklich einen Nutzen ziehen möchten aus meiner Arbeit, dann bitte ich Sie darum, das Buch nach dem ersten Lesen immer wieder in die Hand zu nehmen, die Aussagen über die Zahlen zu betrachten und zu prüfen, darüber nachzudenken und so im Lauf der Zeit eine eigene Beziehung zu Ihren persönlichen Zahlen zu entwickeln. Wählen Sie aus meinem bunten Strauß von Gedanken und Gedankenketten zum Thema Zahlen-Heilen das aus, was Ihnen guttut und was Ihnen wichtig und richtig erscheint. Aus eigener Erfahrung kann ich Ihnen versichern, dass Zahlen dann auf diese Weise wirklich eine starke ganzheitlich harmonisierende Heilkraft entfalten können.

Was ist für viele von uns beim Zahlen-Heilen das größte Problem? Vermutlich, dass wir zunächst nicht verstehen können, wieso ausgerechnet Zahlen eine wirksame Heilmethode sein können. »Das sind doch alles nur irgendwelche obskuren Spielereien. Das kommt gleich nach dem Orakel aus dem Kaffeesatz«, wird die eine oder andere sich denken. Ich möchte Ihnen jedoch in den folgenden Kapiteln zeigen, dass Zahlen-Heilen sehr wohl möglich sein kann. Nein, besser formuliert: dass Zahlen-Heilen eine wirksame Heilmethode IST.

Beim Zahlen-Heilen, wenn wir also Zahlen wie eine Medizin in unserem Geist einnehmen und auf uns wirken lassen, nehmen wir – ebenfalls in unserem Geist – den gesunden »Ist-Zustand« vorweg. Wir sprechen und denken beim geistigen Heilen immer in der Gegenwartsform. Wir konzentrieren uns ganz auf das IST, auf das Akzeptieren des Ist-Zustands. Die Gegenwart, das Jetzt, ist nämlich tatsächlich die einzige Zeit, die wirklich existiert. Nur von diesem Standpunkt aus ist eine Veränderung in der Zukunft möglich. Das ist der erste und sehr wichtige Grundsatz, den wir beim Zahlen-Heilen wissen und anwenden müssen. Sonst funktioniert es nämlich nicht. Es geht um die richtige Konzentration im Jetzt-Zustand, also im Ist-Zustand, auf die heilsame, die heilige, die wunderbare Zahl. Der zweite Grundsatz ist die Art und Weise, wie wir uns konzentrieren und worauf wir uns da eigentlich konzentrieren, wenn wir unseren Geist mit Zahlen zu Heilzwecken beschäftigen.

Zahlen-Heilen ist Heilen mit Bewusstsein

Wenn wir mithilfe von Zahlen Heilergebnisse erzielen wollen, dann müssen wir uns zuerst darüber im Klaren sein, dass Zahlen-Heilen eine Version des geistigen Heilens ist. Das heißt, dass die Heilung aus

dem Geist heraus erfolgt. Obwohl der Geist als solcher ja durchaus ein anerkanntes reales Phänomen darstellt, bedeutet das noch lange nicht, dass geistiges Heilen als »real existierende« Heilmethode anerkannt wird. In Deutschland ist geistiges Heilen überhaupt erst wieder seit dem Urteil des Bundesverfassungsgerichts von 2004 erlaubt. Gott sei Dank!
Zahlen sind selbst rein geistiger Natur. Genau genommen wissen wir nicht, ob Zahlen bzw. mathematische oder physikalische Erkenntnisse schon vorhanden waren, bevor sie im menschlichen Geist entdeckt wurden. Sicher ist jedoch, dass es die Gesetzmäßigkeiten der Natur und des Kosmos schon lange vor ihrer Entdeckung durch den Menschen gab. Mehr noch – sie waren schon da, bevor der Mensch begann, die Erde zu bevölkern. Sicher ist auch, dass all diesen Gesetzmäßigkeiten sehr harmonische Regeln zugrunde liegen, die sich in Zahlen und Formeln ausdrücken lassen. Wir wissen nicht wirklich, wie das sein kann, dass die Gesetze des Kosmos und der Natur mathematisch so harmonisch und klar sind. Je mehr wir davon verstehen lernen, desto faszinierender ist diese mathematische Harmonie.
Das, was Zahlen im Innersten ausmacht, das Konzept, ist also etwas, was auch den Kosmos und damit unsere Welt im Innersten ausmacht. »Das, was unten ist, ist wie das, was oben ist. Und das, was oben ist, ist wie das, was unten ist. Ein ewig dauerndes Wunder des Einen.« So heißt es in der *Tabula*

Smaragdina (lateinisch für »smaragdene Tafel«) des Hermes Trismegistos, einem spätantiken Text, der bis heute unser Geistesleben prägt.

Zahlen dienen uns in vielfältiger Weise sozusagen kraft ihres Geistes. Um zu verstehen, dass Zahlen uns auch helfen können, uns von Hindernissen wie körperlichen Erkrankungen, Süchten, Ängsten oder Depressionen zu befreien, ist es sinnvoll, sich zuerst ein klares Bild davon zu machen, wie der Mensch in seiner Gesamtheit aufgebaut ist. Genauer gesagt, wie das Bewusstsein, der Geist des Menschen in seiner Gesamtheit aufgebaut ist. Das ist gar nicht so einfach, denn nicht einmal das Wort »Bewusstsein« ist wirklich klar definiert. Wir benutzen das Wort für gewöhnlich im Sinne von Geist. Wenn wir tiefer schauen, wissen wir aber nicht genau, was wir eigentlich meinen, wenn wir von Geist sprechen. Oder von Bewusstsein.

Seinen Ursprung hat das Wort »Bewusstsein« im Altgriechischen und Lateinischen und in der alten Zeit bedeutete es: »Mit-Wissen«, »Mit-Erscheinung«, »Mit-Bild«, »Mit-Wahrnehmung«, »bei Sinnen sein« und schließlich »denken«. Christian Freiherr von Wolff (1679 – 1754) hat das deutsche Wort Bewusstsein »erfunden«. Der Freiherr war – man höre und staune – natürlich Professor für Mathematik und Philosophie. Wolff und seine Anhänger, die Wolffianer, waren Rationalisten, d.h. Kinder ihrer Zeit, die als Quelle der Erkenntnis nur die reine Vernunft gelten ließen. Mit Geringschätzung blickten

sie vermutlich damals auf die sogenannten Empiriker oder gar auf Menschen, die spirituellen Offenbarungen folgten. Ein Empiriker ist, sehr vereinfacht gesprochen, jemand, der zum Beispiel sagt: »Ich habe mich mit Zahlen von der Nikotinsucht befreit. Ich habe es an meinem eigenen Leib erfahren. Was willst du mir einreden, dass es nicht funktionieren kann? Es funktioniert doch ganz offensichtlich.«
Und ebenso wenig Gnade hätte in den Augen der Wolffianer wohl ein Mensch wie Grigori Grabovoi gefunden, dem per spiritueller Offenbarung Zahlenreihen in den Geist »hineinfließen«, die für über 1 000 verschiedene Diagnosen als Medizin verabreicht werden können.*
Unser Bewusstsein ist bis auf den heutigen Tag von den Grabenkämpfen der Gelehrten früherer Zeiten geprägt. Zahlen-Heilen wird demnach so lange als verrückte Methode gelten, bis es unwiderlegbar »vernünftige«, wissenschaftliche Beweise für die Wirksamkeit gibt. Möglichst soll etwas rein Geistiges mit materialistischen Methoden bewiesen werden. Obwohl es längst Studien und beglaubigte Heilerfolge durch Zahlen-Heilen gibt, werden diese nicht auf glaubwürdige Weise für eine breite Öffentlichkeit publiziert oder einfach ignoriert.

---

* Grigori Grabovoi: *Wiederherstellung des menschlichen Organismus durch Konzentration auf Zahlen*. RARE WARE Medienverlag (bis 2010) und Jelezky Publishing (ab 2011), beide Hamburg.

Die vier Ebenen des Bewusstseins

Die vier Ebenen des Bewusstseins befinden sich
1. im physischen Körper,
2. im Astralkörper,
3. im Mentalkörper und
4. im spirituellen Körper.

Alle diese Körper sind miteinander verbunden, durchdringen einander, stehen miteinander in Kontakt und bilden gemeinsam einen Gesamt-Organismus.

Da ich in der Literatur sehr viele, teils widersprüchliche Systeme gefunden habe, beschreibe ich Ihnen hier ein möglichst einfaches Modell, so wie es mir nach langem Nachdenken am sinnvollsten erscheint. Bei der Entwicklung dieses Modells habe ich mich so nah wie möglich an den Lehren der verschiedenen Philosophien und Religionen orientiert. Ich möchte damit auch eine Brücke zwischen den Religionen und Philosophien bauen. Letztlich sind es nur unterschiedliche Worte und Vorstellungen, die zu Streitigkeiten ums Rechthaben und zu Trennung führen.

Wir unterscheiden zwischen sichtbaren und unsichtbaren Ebenen des Bewusstseins. Wir Menschen haben eine sichtbare Ebene des Bewusstseins mit unserem physischen Leib und drei unsichtbare Ebenen des Bewusstseins. Die drei unsichtbaren Bewusstseinsebenen sind wiederum unterteilt in jeweils drei weitere Ebenen, so dass wir insgesamt auf zehn Ebenen des Bewusstseins kommen.

Damit wir mit Zahlen-Heilen gute Erfolge erzielen können, sollten wir wissen, dass sich die Heilwirkung sozusagen von den feinsten Ebenen des Geistes bis »hinunter« in die grobstofflichen, materiellen Ebenen des Körpers vollzieht. Gleichzeitig geschieht eine umgekehrte Bewegung »von unten nach oben«: Durch die Konzentration auf Zahlen dringen wir immer weiter vor in die feinstofflichen Ebenen, bis wir im reinen Ideal der Zahl angekommen sind. Das reine Ideal einer Zahl ist zugleich die feinste Ebene des Bewusstseins. Beim Zahlen-Heilen fließt das reine Konzept, die vollkommen reine Idee einer Zahl wieder zurück in unseren Körper und heilt dort. Es ist also ein gegenseitiges Durchdringen des gesamten Bewusstseins-Organismus mit dem Ideal von Zahlen.

Die Ebene des physischen Körpers

Dass wir Bewusstsein in unserem Körper »haben«, scheint uns ganz selbstverständlich zu sein. Auch die Prozesse, die stattfinden, damit Bewusstsein in unserem materiellen, d.h. physischen Körper entsteht, scheinen wissenschaftlich bewiesen zu sein. Wenn wir jedoch tiefer blicken, dann ist gerade die Tatsache, dass diese Prozesse offenbar Bewusstsein in unserem kleinen menschlichen Körper hervorrufen, das größte aller Rätsel. Dennoch ist der menschliche Körper unwidersprochen ein Gefäß oder Speicher von Bewusstsein.

Beim geistigen Heilen sprechen wir auch von Körperintelligenz. Der Körper reagiert mit Krankheit, wenn »etwas nicht stimmt«, wenn etwas aus dem harmonischen Zusammenspiel herausgefallen ist.

Konventionelle medizinische Anwendungen auf dieser Ebene sind zum Beispiel: Medikamente, klassische Massage, Gymnastik, Sport.

> **Beispiele zur Anwendung beim Zahlen-Heilen:**
> Heilzahlen auf die kranke Körperstelle schreiben oder auf Merkzetteln notieren und diese dann sichtbar aufhängen.
> Heilzahlen täglich in ein spezielles Buch schreiben.

Die Ebene des Astralkörpers

Diese Ebene lässt sich in drei Schichten untergliedern: den Ätherkörper, den Emotionalkörper und den Traumkörper.

Der **Ätherkörper** ist dem physischen Körper am nächsten. Er ist wahrnehmbar als »Strom« zwischen den Händen, sobald man konzentriertes Bewusstsein auf das Vorhandensein dieses Stromes lenkt. Der Ätherkörper ist quasi der »elektrische Strom«, der unseren Körper mit Energie versorgt. Diese Ebene ist für Hellsichtige wahrnehmbar als leuchtender Schein, der den gesamten Leib umgibt.

Der Ätherkörper ist eng mit dem **Emotionalkörper** verbunden. Bei Lob, Beachtung und Anerkennung erstarkt dieses Feld, allerdings auch bei Zorn oder Hass. Bei Mangel an Zuwendung und Aufmerksamkeit dagegen wird es sehr schwach und lässt uns krank werden. Im Extremfall kann Nicht-Beachtung sogar bis zum Tod führen. Das Bewusstsein dieser Ebene liebt die Wahrnehmung von Empfindungen der Sinnesorgane, also Farben, Musik, Duft, Geschmack und das Spüren über die Haut. In diesem Feld finden Gefühle wie Verehrung und Bewunderung statt, aber auch emotionaler Schmerz wie etwa Liebeskummer. Dort wird gelitten und geliebt, gehasst und gelacht. Der Emotionalkörper produziert Zuneigung und Abneigung und kann uns damit zu Suchtverhalten führen.

Mit dem **Traumkörper** können wir im Traum oder im Zustand der Trance unabhängig von Zeit und Raum reisen. Obwohl unser physischer Körper bewegungslos im Bett liegt oder in Trance auf einem Stuhl sitzt, erleben wir im vollen Bewusstsein eines eindeutig identifizierten »Ich« eine Realität, welche ausschließlich in unserem Geist stattfindet. Wir erleben dort Angst oder Freude, und manche von uns können sich mühelos und ganz selbstverständlich in die Luft erheben und davonfliegen. Manchmal begegnen wir im Traum Personen, die längst verstorben sind. Dieser feinstoffliche Körper ist ein fantastisches »Fahrzeug« unseres Bewusstseins. Der Traumkörper ist das Bindeglied zur nächsten Ebene, dem Mentalkörper.

Imagination, das bildhafte Vorstellungsvermögen, und Intuition, das gefühlte Wissen, gehören somit auf diese Ebene des Geistes.

Therapeutische Anwendungen auf dieser Ebene sind zum Beispiel: Maltherapie, Musiktherapie, Aromatherapie, Traumarbeit, katathymes (d.h. gefühlsmäßiges) Bilderleben, Arbeit mit dem »Inneren Kind«, Reinkarnationstherapie, Schamanische Trommelreisen, Hypnosetherapie, Reiki sowie alle kreativen, künstlerischen Heilmethoden.

Beispiele zur Anwendung beim Zahlen-Heilen:
Zahlen träumen, Zahlen malen, Zahlen in Fantasiereisen aus dem Kosmos in den Körper hineinfliegen lassen, Zahlen in der Vorstellung einatmen, Zahlen singen und tönen, Wasser geistig mit Zahlen aufladen und trinken.

Die Ebene des Mentalkörpers

Die drei Schichten dieser Ebene sind der Intellekt, der »Ich«-Körper und der Karmakörper.
Die Bewusstseinsebenen werden von Stufe zu Stufe feiner. Während wir im Traum anderen Astralkörpern begegnen, die zwar keine materielle Substanz, aber immerhin Gestalt und Farbe haben, existieren auf der Mentalebene weder Form noch Farbe, weder Geruch noch Ton. Der Mentalkörper ist für die Produktion von mehr oder weniger klaren Gedanken zuständig.

Da ist zunächst die **Ebene des Intellekts**, also der Vernunft, der Analyse, des Verstehens. Hier wird gedacht, geurteilt, spekuliert, gemutmaßt, erinnert und vorausgeplant.
Im Mentalkörper wird auch die **Idee von einem »Ich«** geboren. Das »Ich« ist ein reines Produkt des Bewusstseins dieser Ebene, das sich selbst erschaffen hat. Während sowohl unser Intellekt als auch unser »Ich« im Sinne von Identifizierung mit Name, Körper, Status usw. mit dem Tod des physischen Körpers erlöschen, bleibt das feinste Glied unseres Mentalkörpers, der Karmakörper, bestehen.
Den **Karmakörper** können wir uns wie eine sehr feine Wolke vorstellen, in der unser gesamtes Karma*

---

* Karma: Gesetz von Ursache und Wirkung. Handlungen, Gefühle und Gedanken erzeugen Ursachen von Wirkungen, welche gegebenenfalls über den Zeitraum eines Menschenlebens hinausreichen.

angesammelt ist. Der Karmakörper sucht sich nach dem Tod einen neuen physischen Körper. Dort entsteht dann eine neue »Ich-Identifikation«, welche die karmischen Wirkungen der »Wolke« des Vorgängers erfährt.

Inspiration, also das Empfangen geistiger, im besten Fall genialer Impulse gehört in diese Ebene des Geistes.

Therapeutische Anwendungen auf dieser Ebene sind zum Beispiel: klassische analytische Psychotherapie, Gesprächstherapie, Verhaltenstherapie, Reinkarnationstherapie.

Beispiele zur Anwendung beim Zahlen-Heilen:
Informationen über Zahlen und über geistige Heilmethoden sammeln, sorgfältig prüfen und nach reiflichem eigenen Überlegen und Studieren anerkennen und anwenden.

Die Ebene des spirituellen Körpers

Die drei Schichten dieser Ebene werden auch Freudenkörper, Erkenntniskörper und Kausalkörper genannt.
Diese höchste Ebene ist noch feiner als die Ebene der Gedanken. Es handelt sich um eine Feinheit, die sich

der Vorstellungskraft ganz und gar entzieht. In manchen Systemen wird der spirituelle Körper auch »Höheres Selbst« genannt. Bei schamanischen Reisen in die Ebene des Höheren Selbst begegnen uns unsere kosmischen, idealen »Eltern« als pure Energiegebilde, und wir begegnen uns selbst als reines Ideal.

Bewusstheit über diese Ebene entsteht in dem Maß, wie es uns Menschen gelingt, mittels unseres »Ichs« und der Art, wie wir über uns selbst und über die Welt denken, Kontrolle zu erlangen über die schwierigen Anteile unseres Emotionalkörpers. Die schwierigen Bestandteile des Emotionalkörpers werden mit Gier, Hass und totaler Unbewusstheit, also absoluter Unwissenheit benannt. Nach der Lehre des Buddha heißen diese drei auch »die drei Wurzelverblendungen« oder »die drei Wurzelgifte«. Wenn diese Wurzelgifte in »Medizin« umgewandelt worden sind, wird uns unser spiritueller Körper mehr und mehr bewusst.

Der **Freudenkörper**, auch spirituelle Verzückung oder Glückseligkeit genannt, ist der Zustand des Bewusstseins, wenn wir von der Erfahrung der eigenen Einheit mit dem »Großen Geheimnis« vollständig durchdrungen sind.

Der **Erkenntniskörper**, im Buddhismus auch Dharmakörper genannt, ist der Körper des reinen Gewahrseins. Dieser Körper wird uns bewusst, wenn wir immer öfter der Einheit von Glückseligkeit und »Großem Geheimnis« gewahr werden. Der Erkennt-

niskörper ist die Heimat des Geistes, sein ursprüngliches Zuhause, seine wahre Natur.
Auf der Ebene des **Kausalkörpers** existiert das Individuum als Ideal von sich selbst. Die altgriechischen Philosophen Sokrates und Platon haben diese Ebene beschrieben als »Ideenlehre« und als »Lehre vom Guten«, ohne dessen Erkenntnis der Mensch nicht wirklich vernünftig handeln könne. Im Buddhismus wird dieser Körper »Erscheinungskörper« genannt, weil vollständig erwachte und erleuchtete Wesen diesen Körper benutzen können, um damit auf allen beschriebenen Ebenen nach Belieben zu erscheinen.

Der spirituelle Körper als Gesamtheit ist auch die Ebene des Genius. Der spirituelle Körper ist im Westen nicht sehr gut erforscht und wird deswegen gerne allgemein als nicht existent belächelt. Vielleicht liegt es auch daran, dass die Geisteswissenschaften im Vergleich zu den Naturwissenschaften kein so hohes Ansehen genießen. Gerade das Wissen über diese Ebene des Bewusstseins ist jedoch für unser Zahlen-Heilen von größter Bedeutung. Es ist die Ebene des reinen Ideals, der reinen Idee, des Genius. Es ist der Ort, an dem Zahlen als spirituelles Ideal, als klares, logisches und vollkommenes Konzept entstanden sind. So wie ein Baby im Bauch der Mutter entstanden ist.
Der spirituelle Körper des Bewusstseins ist der Sender von Imagination, Intuition und Inspiration an die »unteren« Bewusstseinsebenen.

Therapeutische Anwendungen auf dieser Ebene sind zum Beispiel: Homöopathie, schamanische Operationen, Geistheilen allgemein, Gebetsheilen, Zahlen-Heilen.

> **Beispiele zur Anwendung beim Zahlen-Heilen:**
> Die Bereitschaft auf allen Ebenen, das spirituelle Ideal, den Genius der Zahl durch die einzelnen Schichten der verschiedenen Bewusstseinsebenen bis hinunter zur physischen, d.h. körperlichen Ebene auf sich wirken zu lassen. Hingabe an das Spirituelle, an den Herz-Geist, an die tiefste Wesensnatur.

Mit der Erklärung der Ebenen des Geistes haben wir kurz und sehr vereinfacht einen ersten Hinweis auf die Wirkungsweise des Zahlen-Heilens erhalten. Die vier Ebenen des Geistes durchdringen einander und wirken beständig aufeinander ein. Gemeinsam bilden sie unseren vollständigen Organismus. Alle diese Bewusstseinsebenen sind voneinander abhängig und gehören zusammen. Wir können dies auch in Zahlen ausdrücken. In den Zehn Sefirot der mystischen Kabbala oder im Enneagramm finden wir im nächsten Kapitel dieses Buches Beispiele für eine solche Entsprechung.

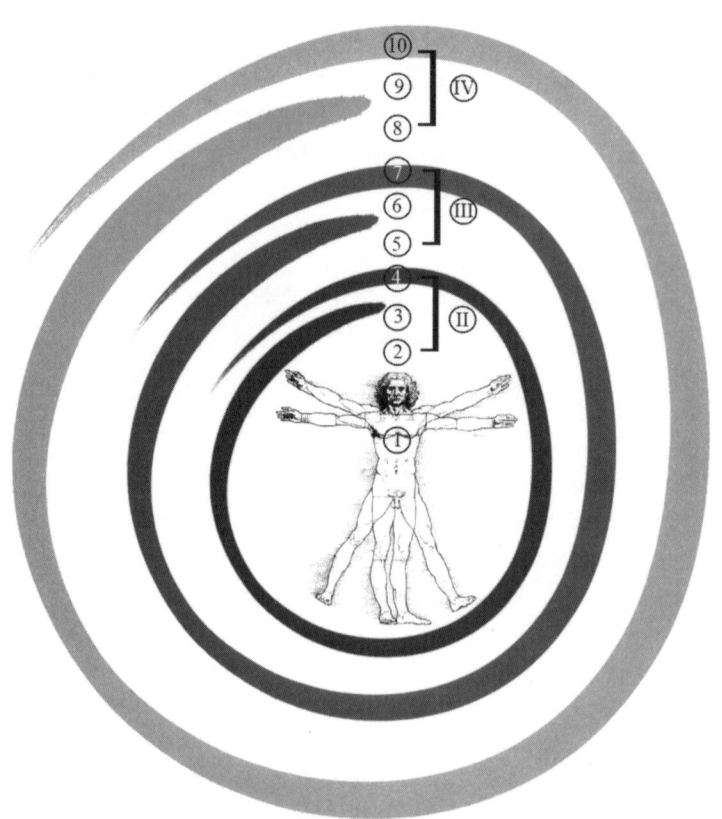

① physischer Körper Ⅱ Astralkörper Ⅲ Mentalkörper Ⅳ Spiritueller Körper
② Ätherkörper ⑤ Intellekt ⑧ Freudenkörper
③ Emotionalkörper ⑥ Ich-Körper ⑨ Erkenntniskörper
④ Traumkörper ⑦ Karmakörper ⑩ Kausalkörper

Die vier Ebenen des menschlichen Bewusstseins, aufgezeigt am Beispiel des »vitruvianischen Menschen« von Leonardo da Vinci

Wie im Kleinen, so im Großen

Dieses uralte Gesetz der Smaragdtafel findet auch in den Fragen »Was ist eigentlich Bewusstsein?«, »Was ist Geist?«, »Was ist geistiges Heilen?« seine Anwendung. Wir können die verschiedenen Ebenen des Geistes in unserem eigenen Geist finden, also im Kleinen. Die gleichen Prinzipien spiegeln sich jedoch auch im Großen, im gesamten Universum und in dem, was wir im Christentum »Gott« nennen oder im Islam »Allah«. Alle materiellen Körper im Universum, alle Sonnensysteme sind vielleicht Anteile eines großen, kosmischen Bewusstseins in Entwicklung. Auch unsere Erde ist möglicherweise ein Körper, der Bewusstsein von sich selbst und seinem Eingebettet-Sein in einem größeren Ganzen entwickelt. Und wir kleinen Menschen sind womöglich bedeutsame Faktoren in der planetaren, vielleicht sogar in der universellen Bewusstseinsentwicklung.

Mit Zahlen Heilen ist Heilen mit Schwingung

Jeder Ton hat eine Frequenz, die einer Zahl entspricht. Die Frequenz ist eine physikalische Größe, die etwas über die Anzahl von Wiederholungen innerhalb einer gewissen Zeit aussagt. Das menschliche Herz schlägt etwa 50- bis 90-mal pro Minute. Die Erde dreht sich einmal pro Jahr um die Sonne und dabei 365-mal um sich selbst. Ich wollte schon immer genauer wissen, was denn mit jenen »Schwingungen« eigentlich genau gemeint ist, von denen beim geistigen Heilen so oft die Rede ist. Schwingungen sind diese Bewegungen von Materie innerhalb von Raum und Zeit, die eine bestimmte Frequenz ergeben. Es entsteht Rhythmus, weil mit dem Herzschlag Blut in unserem Körper im Fluss gehalten wird. Es entsteht Rhythmus, weil die Erde um die Sonne herum «schwingt». Es entsteht Rhythmus, weil die Planeten unseres Systems um die Sonne herum «schwingen». Astronomen haben Zahlen dazu errechnet. Der »Tanz der Venus um die Sonne« ist zum Beispiel die 32. Oktave des Tons A mit 221,23 Hertz. Wenn wir sehr feine Ohren hätten, dann könnten wir die »kosmische Musik« der Planeten hören. Das hat durchaus spirituellen Charakter.

»Am Anfang war das Wort« – also der Ton –, heißt es in der Offenbarung des Johannes-Evangeliums. »Alles ist Eins«, sagte der griechische Philosoph Pythagoras und meinte damit vielleicht auch, dass alles zunächst aus einem ersten Ton (vielleicht dem Urknall) entstanden ist. Dieser eine Ton hält alles, was ist, in Bewegung. Wenn etwas in Bewegung ist, dann ist es am Leben. Auch feste, scheinbar »tote« Gegenstände sind auf der Molekular-Ebene in Bewegung. Elektronen kreisen um Atomkerne. Alles »schwingt« nach Gesetzen, die harmonisch sind. Wenn wir damit beginnen, Zahlen als Heilmittel zu benutzen, gelangen wir in einen Bereich des Geistes und des Denkens, der so harmonisch ist, dass es beinahe unser Vorstellungsvermögen übersteigt.

Beim geistigen Heilen geht es grundsätzlich um die Heilung des ganzen Menschen. Es geht nicht nur um die Beseitigung einzelner lästiger Krankheitssymptome. Wenn nicht der ganze Mensch geheilt ist, dann kommen andere, neue Symptome. Wenn nicht in diesem Leben, dann im nächsten. Wir sind als ganze Menschen vollständig geheilt, wenn wir uns körperlich, emotional, mental und spirituell in Übereinstimmung mit unserem ureigensten Ideal vom Menschsein befinden. Wenn wir damit eins sind. Zahlen-Heilen, das sozusagen von »ganz oben her« in uns hineinwirkt, kann für uns dabei sehr hilfreich sein.

Zahlen und ihre Bedeutung

Was macht den »Geist einer Zahl« aus?

Unser Mentalkörper, vor allem unser Intellekt, braucht Erklärungen. Ohne Erklärungen verweigern wir uns selbst die Umsetzung der Theorie in die Praxis. Und das gilt auch für unser Wissen über Zahlen. Das folgende Kapitel ist eine, wenn auch, angesichts der Fülle von historischen Gedanken und Überlegungen, unvollständige Sammlung heilkräftiger Informationen.

Damit Zahlen-Heilen als Heilmethode wirken kann, ist zunächst eine Annäherung unseres eigenen Geistes an den »Geist einer Zahl« erforderlich. Doch um welche Zahlen geht es eigentlich? Die Mathematik unterscheidet eine Fülle von Zahlen – gerade und ungerade, positive und negative, vollkommene und superperfekte Zahlen, ja sogar gesellige Zahlen und befreundete Zahlenpaare. Für unseren Zweck wollen wir aber einfach nur die mögliche Heilwirkung der Zahlen Null bis Zehn untersuchen. Dazu schauen wir uns die einzelnen Zahlen aus verschiedenen Blickwinkeln an und lassen die Informationen, Inspirationen und Bilder auf unseren Geist einwirken. Dabei sollten Sie für sich das annehmen, wovon Sie gefühlsmäßig oder intellektuell angezogen werden.

Zuerst wird jeweils das **geometrische Symbol** der Zahl vorgestellt. Die Geometrie ist ein Teilgebiet der Mathematik und zählte in der Antike neben der Arithmetik, der Astronomie, der Musik, der Grammatik, der Rhetorik und der Dialektik zu den Sieben Freien Künsten. Ein Symbol kann mehr als Tausend Worte sagen.

Die **Kabbala**, die jüdische Geheimlehre und Mystik, mit ihren Zehn Sefirot, den zehn Zweigen des Lebensbaumes, kann für unser Verständnis vom Geist einer Zahl hilfreich sein. »Kabbala« bedeutet »Entgegennahme« im Sinne der Ergründung des göttlichen Wesens in seinem Innersten. Während die durch Moses offenbarte Thora als göttliches Gesetz gilt, das zu befolgen ist, geht es in den Überlieferungen der Kabbala um die Erforschung der tieferen Hintergründe. Wer oder was ist dieser Gott? Ein Kabbalist grübelt und denkt selbst nach, kreativ und offen für Eingebungen. Das Verhältnis zwischen Thora und Kabbala ist vergleichbar dem zwischen christlich-dogmatischer Theologie und individueller mystischer Erfahrung.
Der Lebensbaum der Kabbala, auch Weltenbaum genannt, besteht aus den Zahlen Eins bis Zehn. Diese zehn Zahlen haben Namen und zusätzlich zu diesen Zahlen-Namen hat jede Zahl einen Gottesnamen. Da unser abendländisches Christentum historisch auf den Weisheiten des orientalischen, jüdischen Glaubens aufgebaut ist, haben die Gottesnamen

auf uns wahrscheinlich eine unbewusste Wirkung. Der Name der Zahl bereichert unser Wissen auf der abstrakten Ebene. Der Gottesname, wie etwa Adonai Sabaoth für die Sieben, kann Nahrung und damit Heilung für unseren Emotionalkörper bedeuten, wenn wir ihn in unserem Inneren in seiner Schönheit ertönen lassen.

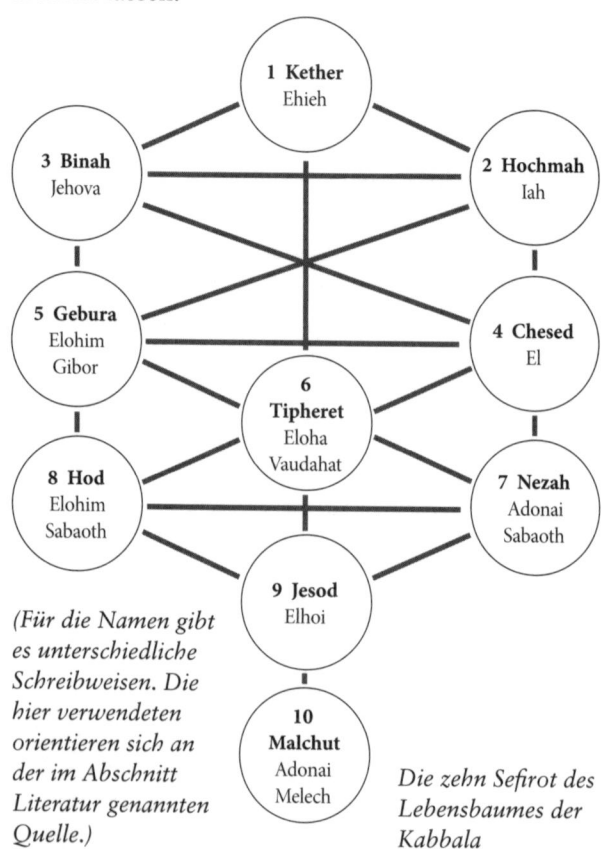

(Für die Namen gibt es unterschiedliche Schreibweisen. Die hier verwendeten orientieren sich an der im Abschnitt Literatur genannten Quelle.)

Die zehn Sefirot des Lebensbaumes der Kabbala

In **Gedankenspielen und Assoziationen** erfahren wir etwas über die Bedeutung der Zahl in der Mathematik, in verschiedenen Religionen, in der Philosophie und auch in unserem alltäglichen Leben.

Das **Enneagramm**, ein Symbol, das in der Typenlehre verwendet wird, kann uns ebenfalls ein Stück weiterhelfen in der Erfassung der Tiefe der Zahlen. Wir lernen in leicht modifizierter Form das unkonventionelle Typenmodell kennen, das Johannes Galli für den Schauspiel-Unterricht entwickelt hat. Galli nennt die Charaktertypen »Kellerkinder«, die spontan verständliche Namen haben, wie etwa »Geizhals« oder »Flittchen«. Die bei Galli insgesamt zehn Typen schließen die Null mit ein und orientieren sich an den drei buddhistischen Wurzelgiften Gier, Hass und Unwissenheit sowie an den sieben Todsünden des Christentums. Nimmt man das Enneagramm als Hilfsmittel zur Verfeinerung des Charakters, geht es im Wesentlichen darum, negative Eigenschaften (also den unerlösten Zustand) zunächst zu erkennen und sie dann spielerisch sozusagen aus dem Keller hervorzuholen und allmählich in Tugenden (d.h. in den erlösten Zustand) zu verwandeln. Aus einer »Sünde« wird so mit der Zeit ein freundliches Wesen. Aus dem Zorn wird zum Beispiel die Tatkraft und aus dem Geiz Großzügigkeit. Anders als bei konventionellen Enneagramm-Modellen geht es bei Galli nicht darum, eine feststehende Persönlichkeit zu finden, die dann mit einer Ziffer

charakterisiert wird. Wir sind keine »Sieben« oder »Drei«. Wir sind Menschen mit zutiefst menschlichen Schwächen, die unterschiedlich stark ausgeprägt sind. Und wir gehen davon aus, dass wir jede Schwäche, jede »Todsünde« und jedes »Wurzelgift« in uns selbst erkennen und umwandeln können. Das ist der tiefere Sinn der Arbeit mit dem Enneagramm, wie ich sie Ihnen auf den folgenden Seiten kurz vorstellen möchte. Beim geistigen Heilen mit Zahlen kann es hilfreich sein, von diesen inneren Gestalten wenigstens einmal gehört zu haben. Vielleicht bekommen Sie ja Lust und möchten mit Ihren Kellerkindern aus dem Hintergrundwissen der Zahlen-Heilkunde heraus tanzen und spielen. Für den ganzheitlichen Heilungsprozess ist das gewiss förderlich. Buch- und CD-Tipps finden Sie im Anhang.
Das Enneagramm als Symbol besteht aus einem Kreis, den wir mit der Null und einer sehr tief reichenden »Todsünde«, dem Neid, gleichsetzen. Inmitten des Kreises befindet sich ein Dreieck, das wir mit den drei Wurzelgiften oder den drei Erzkellerkindern gleichsetzen. Dazu kommt ein ungleichschenkliges Sechseck, das wir den sechs restlichen Todsünden beiordnen.
Die geraden Zahlen Vier, Sechs und Acht entsprechen den »weiblichen Kellerkindern« und der rechten Seite des Sechsecks. Die rechte Seite des Sechsecks ist analog zur rechten Gehirnhälfte und zu einer Aufwärtsbewegung von unten nach oben, von der Erde zum Himmel. Die ungeraden Zahlen Fünf,

Sieben und Neun entsprechen den »männlichen Kellerkindern« und der linken Seite des Sechsecks. Die linke Seite des Sechsecks ist analog zur linken Gehirnhälfte und zu einer Abwärtsbewegung von oben nach unten, vom Himmel zur Erde.

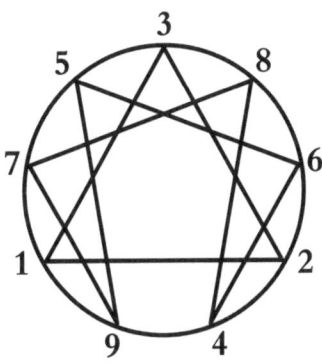

1 = Wurzelgift Hass
2 = Wurzelgift Gier
3 = Wurzelgift Dummheit, Ignoranz
4 = Todsünde Wollust
5 = Todsünde Geiz
6 = Todsünde Völlerei
7 = Todsünde Hochmut
8 = Todsünde Trägheit
9 = Todsünde Zorn
0 = Todsünde Neid (Kreis)

Außerdem lernen wir **Beispiele für kreative Übungen** mit der jeweiligen Zahl kennen.

Im dritten Kapitel folgt dann eine systematische Anleitung für die Anwendung der Zahlen in der Praxis.

Die Null

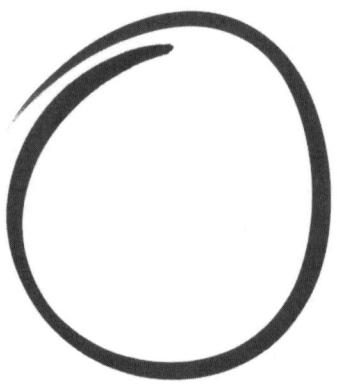

Das Symbol der Null ist der Kreis. Der Kreis hat keinen Anfang und kein Ende. So steht der Kreis für den Raum, der sich in eine unvorstellbare Weite hin ausdehnt. Un-endlich. Un-vorstellbar. Un-denkbar. Un-ermesslich.

Aber das oben gezeigte Symbol hat doch sehr wohl einen Anfang und ein Ende, wird sich die eine oder andere fragen. Stimmt – weil es uns den Kreis in einer drei-dimensionalen Sicht zeigt, gleichsam in Bewegung, aus dem un-ermesslichen Raum kommend. So entsteht aus dem Kreis eine Spirale.

Der Kreis wird im Folgenden die Symbole aller Zahlen von eins bis neun begleiten. Denn alles, was ist, jede Zahl, alles Messbare und Zählbare, ist von der Null umfasst. Ohne die Null als große Gegenspielerin des Denkbaren, Messbaren und Vorstellbaren gäbe es das Denkbare, Zählbare, Messbare und Vorstellbare nicht.

Die Null in der Mystik der Kabbala

Die Entsprechung der Null in der Kabbala heißt »En Soph«. Im Gegensatz zum Denkbaren ist En Soph undenkbar. Es ist dem Mystiker jedoch durch die direkte Erfahrung zugänglich. En Soph steht sozusagen hinter den zehn großen Ideen des Kabbala-Lebensbaumes. En Soph durchdringt alles, was ist, und bleibt dabei selbst im Geheimen. Es ist selbst das »Große Geheimnis« und der »Große Geist«. Es ist in allem anwesend, doch zeigt es sich nicht. Im Deutschen gebrauchen wir das Wort »anwesend« sehr selbstverständlich, doch steckt ein tieferer Sinn darin. Ein größeres Wesen, eine unfassbare und unerklärbare Wesenheit ist hinter oder in den Dingen anwesend. Aus En Soph heraus geschehen alle Dinge. So wie die Null sich in der Geschichte der Mathematik erst relativ spät gezeigt hat, als eine Instanz, die uns das richtige Verständnis der Zahlen vermittelt und uns beim Rechnen hilft, so hat sich auch der Begriff En Soph erst im Laufe der Geschichte des jüdischen Volkes gebildet. En Soph ist der Ur-Grund von Ur-Sache und Wirkung. En Soph ist das Höchste und Tiefste, was der Mensch noch irgendwie zu denken versuchen kann. Für das wirkliche Verständnis jedoch ist Denken nicht ausreichend. En Soph möchte erfahren sein. En Soph kann letztlich nur gesucht und gefunden werden, nicht gedacht.

Gedankenspiele und Assoziationen

Wir können die Null als Zeichen dafür sehen, dass in uns unendliches Potenzial vorhanden ist. Dieses Potenzial ist scheinbar unsichtbar. Es zeigt sich jedoch in dem, was aus uns geworden ist und was noch alles aus uns werden kann. Wir kamen ganz klein und nackt auf diesen Planeten, quasi ein kleines Bündel Nichts, ein kleines »Null-Bündel«. Wir waren vollständig abhängig von der Fürsorge anderer Menschen, allein nicht lebensfähig und hatten nur unser Potenzial dabei. Wenn wir heute hinschauen: Was haben wir aus unserem Potenzial gemacht? Haben wir jemanden geliebt? Haben wir unsere Talente entfaltet?

Die Null steht, mathematisch betrachtet, zwischen der Plus-Eins und der Minus-Eins. Sie ist die Vermittlerin zwischen dem Positiven und dem Negativen und bleibt selbst dabei vollständig unberührt.

Wenn die Null links von der Eins steht, als 01, dann bleibt die Eins, was sie ist. Wir können noch so viele Nullen links vor die Eins stellen, zum Beispiel 0001, es ändert die Wertigkeit der Eins nicht im Geringsten. Stellen wir die Null jedoch rechts hinter die Eins, wie beispielsweise bei 10, dann ändert sich die Wertigkeit der Eins dramatisch, dann wird aus der Eins die Zehn. Je mehr Nullen wir rechts hinter die

Eins stellen, desto mehr wird aus der Eins: Auf die 10 folgen 100, 1000, 10000, 100000, 1000000, 1000000000 ... und so geht es unendlich weiter. Das ist das ganz Besondere an der Null. Das ist die Potenzial-Entfaltung, die uns die Null schenkt.

Mein Sohn Oliver, der Mathematik-Student, sagte kürzlich mit einem gewissen Respekt in seiner Stimme: »Die Null hat eine Sonderrolle unter allen Zahlen. Sie hat etwas Geheimnisvolles. Sie besticht dadurch, dass sie uns das Rechnen so leicht und einfach macht. Zugleich pauschalisiert sie und macht in der Multiplikation alle anderen Zahlen gleich.«

Die Null macht uns also das Rechnen zwar leicht, aber sie ist auch ein großes Geheimnis und beansprucht Sonderrechte. Wenn wir eine beliebige Zahl mit null multiplizieren, vernichtet die Null die vorhandene Menge. Nehmen wir eine beliebige Zahl, zum Beispiel 367. Es gilt $367 \times 0 = 0$. Und wenn wir eine Zahl durch null dividieren wollen, sagt der Taschenrechner: »Teilen durch null unmöglich«. Es geht nicht. Durch die Null lässt sich nichts teilen.

Wenn wir zu einer beliebigen Zahl null hinzufügen oder null von ihr abziehen wollen, bleibt die Zahl die gleiche: $367 \pm 0 = 367$. Die Null neutralisiert also in mehrfacher Hinsicht. Das macht die Null mit jeder Zahl – ohne Unterschied, sei diese Zahl noch so groß und noch so bedeutend!

Bezeichnenderweise beginnt auch unsere Zeitrechnung mit dem Jahr null, obwohl es dieses Jahr als

Zeiteinheit von zwölf Monaten in Wirklichkeit nie gab.

Die Null steht auch für die Bedeutung der Vorsilbe »un...«. Un-endlich, un-erkannt, un-sichtbar und un-erhört. Die Vorsilbe »un« bedeutet »ohne«. Ohne die Eins kann die Null nicht erkannt werden, sie bliebe für immer unerkannt. So ist die Null zugleich ein starkes Symbol für die gegenseitige Abhängigkeit, der wir in unserem täglichen Leben ja auch ständig unterliegen.

Das Kreis-Symbol, das die Null repräsentiert, ist auch das Symbol des Zen-Buddhismus. Die Lehre des Buddha handelt von einer konventionellen Wirklichkeit und von einer letztlichen, un-nennbaren Wirklichkeit. Die Wirklichkeit des Un-Nennbaren und Un-Erklärlichen wird in diesem Gedicht von Daio Kokushi »ES« genannt:

Es gibt eine Wirklichkeit, die selbst Himmel und Erde vorausgeht.
ES hat keine Form, viel weniger einen Namen.
Augen verfehlen ES, wenn sie ES suchen.
ES hat keine Stimme und ist so nicht entdeckbar für Ohren.
ES Geist oder Buddha zu nennen, verletzt seine Natur.
ES ist nicht Geist noch Buddha.
Vollkommen ruhig erleuchtet ES in wunderbarer Weise ...

Ganz ähnlich heißt es in der chinesischen Weisheitslehre des Tao-Te-King von Lao Tse in Vers 25:

Es gibt ein chaotisch gestaltetes Wesen,
das war schon vor Himmel und Erde.
Still und leer steht es allein und verändert
sich nicht.
Es kreist und erschöpft sich nicht.
Vielleicht ist es die Mutter der zehntausend
Dinge.
Ich kenne seinen Namen nicht, daher nenne
ich es den Weg ...

Auch William Shakespeare soll einmal ein »Nichts« beschrieben haben, das er in sich selbst entdeckte und das ihm Angst machte. Es erschien ihm zunächst wie ein schwarzer Horror und als schreckliche Leere, und er beschrieb, wie er sich schließlich damit anfreundete und dann all seine Schauspiel-Figuren aus dieser Leere heraus entwickelte. Ich möchte Sie ermutigen: Haben Sie keine Angst vor der Leere, die Shakespeare beschrieben hat. Haben Sie keine Angst vor der Null und ihrem Potenzial und haben Sie keine Angst vor der Begegnung mit Ihrem inneren Schatten, der sich vielleicht für ein »Nichts« hält. Wenn wir beginnen, unsere Schattenanteile zu befreien und sie hinauszuführen in den hellen Sonnenschein, dann können wir richtig gesund werden. Haben Sie keine Angst vor dem Potenzial, das vielleicht noch in Ihnen schlummert, ohne dass es sich bislang entfalten konnte.

Beginnen Sie damit, Ihr Potenzial als »Null« anzunehmen und hinter sich zu stellen. Wenn die Null hinter Ihnen steht im Sinne der 10, der 100, der 1 000 oder der 10 000 und so fort, dann sind Sie auf einem guten, auf dem richtigen, auf dem heilsamen Weg!

Denken Sie daran, dass die Null in den Zahlenkombinationen des Dezimalsystems unsichtbar enthalten ist. Sei es in Ihrer persönlichen Heilzahl oder in einer der allgemeinen Heilzahlen, die Sie verwenden.

Die Null im Enneagramm

Die Null ist der äußere Kreis, der das Symbol des Enneagramms umschließt. Die Null ist in dieser Typenlehre der Narr. Der Narr übersteigt alle Systeme. Als Null kann man sich sowohl an den Anfang, in die Mitte oder an das Ende eines Systems stellen. Als Null und als Narr ist man da vollkommen frei. Die Tugend des Narren ist die spontane Freude. Unberechenbar, offen und einfach voller Freude so sein, wie man ist. Die Weisheit des Narren wird in allen Kulturen gepriesen und in Geschichten von Mund zu Ohr weitergegeben. Seine Aufgabe ist die Überwindung von Neid. Neid entsteht durch Vergleichen und Beurteilen. Höher, besser, reicher, größer, erleuchteter! »Alle anderen sind etwas, nur ich bin nichts! Alle anderen haben etwas, nur ich habe nichts!« Mit dem Neid in uns werden wir nie zufrieden sein.

Der Narr wird manchmal auch abwertend »Chaot« genannt. »Chaos« heißt von der Herkunft des griechischen Wortstammes etwa: gähnende Leere, klaffender Raum. Aber auch offene Weite. In vielen Schöpfungsmythen ist das Chaos als Quelle des Seins benannt. Der offene Raum der spontanen Gestaltung der Wirklichkeit aus dem Nichts heraus, das ist die große Heilkraft des Narren.
Der Narr schaut die Wahrheit ohne Wenn und Aber. Er nimmt genau das an, was ist. Nicht mehr und nicht weniger. Die Art und Weise, wie der Narr das tut, bringt uns zum Lachen. Und Lachen ist sehr gesund!
Die Verwandlung von Neid in eine Tugend geschieht durch die Kultivierung von Mit-Freude. Es ist erstaunlich, dass das Wort »Mit-Freude« im Deutschen erst allmählich etabliert werden muss.

Kreative Übung mit der Null

Bei der Heilarbeit mit Zahlen können wir denken: Ich fange jetzt bei null an. Ich gestalte die Wirklichkeit aus dem leeren und offenen Raum heraus. Oder ich stelle mir vor, wie die Heilzahl direkt aus dem leeren Raum zu mir kommt.

Die Eins

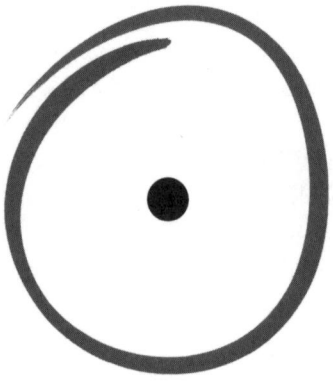

Der Punkt inmitten des Kreises ist das Symbol der Eins. So wie die Eins das Minimum einer zählbaren Größe ist, mit der wir rechnen können, so ist der Punkt das Minimum einer geometrischen Größe, mit der wir beginnen können, unsere Erde zu vermessen (altgriechisch »geometria«: Erdmaß, Landmessung). Der Punkt inmitten des Kreises ist auch das Symbol für die Einheit der Eins mit der Null (dem Kreis) inmitten des großen Ganzen. Und zugleich symbolisiert dieser Mittel-Punkt die Sonne, die Spenderin von Licht und Leben auf unserer Erde. Wie die Erde abhängig ist von der Sonne, so sind alle Zahlen abhängig von der Eins, der Quelle, der Wurzel und dem Samen aller Zahlen.

Die Eins in der Mystik der Kabbala

Die Entsprechung für die Eins in der Kabbala heißt »Kether«. Kether bedeutet so viel wie Krone oder Diadem. Kether erinnert an den Diamanten, der aus nur einem Stoff besteht, nämlich aus Kohlenstoff. Kether ist der Anfang und das Ende von allem zugleich. Kether ist das Licht, das inmitten der Dunkelheit erscheint. Dabei ist Kether hell und dunkel zugleich. Es ist Eins, das gesamte All. Es ist All-Es.
Der Name Gottes für die Eins lautet »Ehieh«. Ehieh erinnert vom Klang her an das deutsche »ehe« im Sinne von seit jeher, seit ehedem, ehemals und immer. Und in der Ehe vereint sich das Ehepaar zu Einem. Die Eins steht auch für Adam und damit für den ersten Menschen in der Schöpfungsgeschichte.

Gedankenspiele und Assoziationen

Ohne die Eins gäbe es gar nichts. Zuerst ist da das Eine, die ganz große Einheit zwischen allem, was ist, und dem Potenzial, dem offenen Raum, aus dem alles Mögliche werden kann. Die Eins, das heißt, die Einheit von allem, was ist, ist im Grunde genauso schwer denkbar wie die Null. Denn denken können wir nur in Gegensätzen. Der erste und größte Gegensatz offenbart sich mit dem Auftreten der Eins in der Einheit mit der Null. Denn ohne die Eins gäbe es die Null nicht. »Was willst du mit der Null anfangen, wenn du die Eins nicht hast?«, fragte mich mein Jüngster und fügte hinzu: »Du müsstest eigentlich mit der Eins beginnen und dann erst die Null erklären!« Wenn es jedoch die Null im Sinne der »Abwesenheit von etwas« nicht gäbe, dann gäbe es auch die Eins nicht. Die beiden bedingen einander und die Frage, wer zuerst da war, ist nicht zu lösen. Es ist wie mit der Henne und dem Ei.

Die Eins (alles, was ist) und die Null (also alles, was nicht ist) ergeben zusammen als Einheit das, was tatsächlich ist. Ein kleines praktisches Beispiel dazu: Durch Tun, durch Aktivität, wird Wirklichkeit erzeugt. Aber auch durch Nicht-Tun, durch Passivität, wird Wirklichkeit erzeugt.

Die Menschheit benutzt bisher überwiegend das Dezimalsystem zum Rechnen. Sie hatte ja kein besseres System. Momentan erleben wir den Beginn einer Zeit, in der sich zusätzlich das binäre System etabliert, das nur aus den beiden Zahlen Eins und Null besteht. Damit lässt sich genauso alles ausdrücken, was sich mit den zehn Zahlen von null bis neun ausdrücken lässt.

Gottfried Wilhelm Leibniz (1646 – 1716) hat vor 300 Jahren bereits einen ersten Entwurf zum binären Zahlensystem gemacht. Heute ist seine Idee die Grundlage der Computer-Technik. Die ersten drei Zeilen seines Entwurfs zieren das Logo der Leibniz Universität Hannover.

Leibniz, ein genialer Denker der Aufklärung und der bedeutendste Universalgelehrte seiner Zeit, prägte den philosophischen Begriff der »Monade« (von griechisch »monas« für die Einheit, das Einfache). Gemeint ist damit ein abstraktes unendlich Kleinstes, eben die Monade. Diese Monade könne entweder erwacht sein oder aber gleichsam schlafen und würde sich in jedem lebenden Organismus und überhaupt in allem, was ist, finden lassen. Wenn dieses unendlich Kleinste in einem Menschen erwacht, so Leibniz, dann ist der ganze Mensch zu einem Erwachten geworden, der sich der Einheit von allem, was ist, wirklich zutiefst bewusst geworden ist.

Vor Leibniz haben antike Denker wie Pythagoras oder Plotin (205 – 270) von »monas« gesprochen, als dem Ursprung der Zahlen und dem Minimum der Arithmetik, der Kunst des Zählbaren. »Monas« meint dabei den Übergang vom Unsagbaren und Unteilbaren (wie es die Null ist) zum Zählbaren und Messbaren (wie es die Eins ist). Diese »monas« durchdringe alles auf der Erde und im Himmel und es sei Aufgabe und höchstes Ziel des Menschen, sich mit der »monas« zu vereinigen.

Da ich Monika (die Eine) heiße, bin ich natürlich schon deswegen von der Eins und ihrer Bedeutung besonders tief berührt. Da wir aber alle einzigartig in unserer Individualität sind, können wir uns von der Eins alle ganz tief ergreifen lassen. Vielleicht können wir uns sogar aufwecken lassen im Sinne der Bewusstwerdung unserer Einheit mit dem unendlich Kleinsten, der »monas«. Wenn dieses Kleinste in allem ganz tief im Innersten verborgen ist, dann ist es zugleich das Größte. Wenn »monas« in allem ist, dann ist es ja alles. So wie die Eins zugleich die kleinste natürliche Zahl ist, aber auch die Größte, weil sie die erste und eigentlich einzige Zahl ist. Im binären Zahlensystem ist die Eins ohnehin per Definition die größte Zahl, weil es nur sie und die Null gibt. Die Unterscheidung zwischen dem Kleinen und dem Großen hebt sich in dem Einen ja auf. So wie sich die Unterscheidung zwischen dem Individuum in seiner Einzigartigkeit und dem »anderen« in seinem »Anders-Sein« aufhebt, wenn wir zu einer solchen Bewusstwerdung vordringen. Dabei ist und bleibt die Einzigartigkeit unser aller Grundcharakter und zugleich der Charakter der Zahl Eins.

Die Eins ist wie die Null eine Ausnahme unter den Zahlen, wenn wir mit ihr rechnen. Wenn wir wieder als Beispiel die Zahl 367 nehmen und sie mit 1 multiplizieren, dann ändert sich gar nichts: $367 \times 1 = 367$. Die Zahl bleibt, wie sie ist. Wenn wir die 367 durch 1 dividieren, ändert sich ebenfalls nichts: $367 : 1 = 367$. Die Eins verhält sich (wenn sie als Multiplikator oder Teiler verwendet wird) neutral jeder anderen Zahl gegenüber. Sie verändert nichts. Sie nimmt keinen Einfluss auf die andere Zahl.

Die Eins im Enneagramm

Die Eins entspricht in der Typenlehre dem Männlichen, dem Vater. Das Urbild des Männlichen ist ja das Samenspenden und das Hervorbringen zahlreicher Nachkommen. So ist die Eins sozusagen das Bild für den explodierenden Samenerguss, aus dem unendlich viele Zahlen hervorgehen. Ein praktisches Beispiel: Ein einziger Samenerguss eines einzigen Mannes würde theoretisch ausreichen, halb Europa zu bevölkern. Das Urbild der Eins ist also der Vater – und damit der Vater-Gott. Das Bild vom Vater-Gott ist aus dem jüdischen Glauben entstanden und das Christentum und auch der Islam haben im Judentum ihre Ursprünge. Der wunderschöne Gesang vom Schma Jisrael ist der älteste Ausdruck jüdischen Lebensgefühls:

»schəma jisrael adonai elohenu adonai echad«*
(»Höre Israel! Adonai ist unser Gott. Adonai ist Eins.«)

Die Tugend des Vater-Archetyps ist die All-Macht, die Vollmacht im Sinne der vollen Macht über sich selbst. Seine Aufgabe ist die Überwindung von Gewalt und Hass. Das Gefühl von Macht verführt zu einer Herrschaft über andere im Sinne von Macht-

---

* Deuteronomium (das 5. Buch Mose), Kapitel 6,4; siehe Talmud, Sukkot 42a und Berachot 13b

missbrauch durch Ausübung von Schreckensherrschaft.
Verwandlung geschieht, wenn Macht nicht im Sinne von Erhebung über andere ausgeübt wird, sondern im Sinne von Verantwortung für sich selbst und Macht über sich selbst zum Wohle aller.

Kreative Übung mit der Eins

Wenn eine Eins in einer persönlichen Heilzahl auftaucht, dann habe ich dieses Wissen von der Einheit, der Einzigartigkeit und der Kostbarkeit meines Menschenlebens irgendwie im Hinterkopf. Dieses Wissen ist meine Motivation, mich von Krankheiten, Süchten, Leiden und Gebrechen zu befreien. Auch wenn die Eins nicht explizit als Ziffer in einer Heilzahl auftaucht, weiß ich doch, dass sie dahintersteckt, so wie sie hinter jeder Zahl steckt als »Mutter (und Vater) der Zahlen«. Ich nehme diese Information als Einheit in mein ganzes Wesen auf, wenn ich die Zahl Eins als Medizin benutze. Die vielen Details, die ich hier aufgezählt habe, darf ich auch wieder vergessen, aber die Grundinformation bleibt in der Konzentration auf die Zahl Eins enthalten. Ich erspüre intuitiv die Monade, die kleinste Einheit, von der Leibniz gesprochen hat.

Manchmal denke ich mir auch: Ich stehe aufrecht und gerade wie eine Eins! Oder: Die Zahl Eins kommt wie ein leuchtender Punkt, wie eine Sonne mit ihren Strahlen aus der Mitte des Universums zu mir. Oder ich konzentriere mich und halte mich an den Gedanken: Ich bin ganz ein-deutig in meiner Heilungsabsicht! Oder: Ich bin ganz Eins. Ganz da. Ganz hier.

Die Zwei

Die Linie ist das eigentliche Symbol der Zwei. Eine Linie, eine Gerade, die sich in die Unendlichkeit hinaus erstreckt. Ein bekanntes Symbol für die Zwei ist auch das chinesische Yin-Yang-Zeichen. Die Linie kommt in einer Sinus-Kurve von oben nach unten und teilt die Einheit in zwei Teile. Die zwei Gegensätze sind klar ausgedrückt. Weiß mit dem schwarzen Punkt in der Mitte steht für »Mann«. Schwarz mit dem weißen Punkt in der Mitte meint »Weib«. Wenn Sie Kinder haben, dann wissen Sie, dass Jungs in ihrem Innersten weiche und empfindsame Wesen sind, auch wenn sie nach außen hin noch so stark und mächtig tun (sollen). Und dass Mädchen in ihrem Innersten stark und kraftvoll sind, mögen sie nach außen hin noch so empfindsam und weich erscheinen. Wenn Sie in sich selbst hineinschauen, können Sie das auch bei sich entdecken. Das Yin-Yang-Zeichen zeigt uns dieses Paradox in perfekter Weise. Außen weiblich, innen männlich. Und umgekehrt. Mann und Weib ist natürlich im archetypischen Sinne gemeint. Das Symbol spricht auch von allen anderen Gegensätzen, in deren Kern das jeweils andere vorhanden ist: hell und dunkel, nah und fern, gut und schlecht, schön und hässlich.

Die Zwei in der Mystik der Kabbala

Die Entsprechung im Baum des Lebens der Kabbala heißt »Hochmah«. Hochmah steht für die Fruchtbarkeit der Ideen des Göttlichen. Hochmah erzeugt durch Verdoppelung und Vervielfältigung eine solche Fülle von Gestaltungen, dass sie unzählbar sind. Hochmah bedeutet auch Weisheit und kreatives schöpferisches Tun.
Der Gottesname für die Zwei lautet »Iah«. Der Name erinnert an das deutsche Ja, wenn zum Beispiel eine Frau Ja zu ihrem Mann sagt. Iah steht auch für Eva, den zweiten Menschen, die Frau und »die andere« als Gegenstück zu Adam.

Gedankenspiele und Assoziationen

Ohne die Zwei hätten wir die Eins, das große Eine, nicht erkennen können. Denn für das Erkennen braucht es zwei. Eines, das erkannt sein möchte, und eines, das sich auf den Weg zur Erkenntnis gemacht hat. Um das Schöne zu erkennen, müssen wir auch das Hässliche kennen. Um Freiheit zu erkennen, müssen wir wissen, was Angst ist. Um Vertrauen zu fassen, müssen wir wissen, was Misstrauen ist. Wir können uns eine Welt gar nicht vorstellen, in der wir lange Zeit nachdenken müssten, bevor uns einfiele, was das eigentlich ist: Angst. Weil wir so frei wären, dass wir uns nicht mehr erinnerten, wie das damals war, damals, als wir sie noch kannten: die Angst.

Dasselbe gilt für gut und böse. Für hell und dunkel, für Tag und Nacht. Die Gegensatzpaare lassen sich beliebig erweitern: Geist und Materie, Gefühl und Verstand, Glauben und Wissen, Freiheit und Gefangenschaft. So ist auch das »Paar« die Wortwahl für die Zwei schlechthin. Mann und Frau. Links und rechts. In der Zwei begegnet uns erstmals das andere, das Gegenteil.

In Indien sind die alten Tempel voll von Skulpturen, die Mann und Frau in sexueller Vereinigung zeigen. Es ist das Bild der uralten indischen Philosophie von der Vereinigung der Gegensätze, dargestellt im sexuellen Akt. Das Wort »Philosophie« ist zusammengesetzt aus zwei Worten, nämlich »philo« (griechisch für »Liebe«) und »sophia« (griechisch für »Weisheit«). Allgemein wird Philosophie mit »Liebe zur Weisheit« übersetzt. Eine schönere Übersetzung wäre: »Durch die Liebe zur Weisheit«. Oder: »Mit der Liebe zur Weisheit«. Damit wäre der Liebe ein größeres Gewicht verliehen in ihrem Verhältnis zur Weisheit. Denn was wäre das für eine Weisheit, wäre sie nicht ganz und gar von Liebe durchdrungen? Nicht umsonst sprechen wir ja von einer »Weisheit des Herzens«, die mit der bloßen Anhäufung von Wissen nichts zu tun hat.

Die Weisheit wird in der Lehre des Buddha weiblich dargestellt, ihr Name lautet Prajnaparamita. »Prajna« bedeutet im Sanskrit »Weisheit« und »Paramita« heißt »Vollkommenheit«. Das Prajnaparamita wird in der Kunst manchmal abstrakt als Buch dargestellt, das der Weisheitslehrer in Händen hält. Weil der ungelehrte Mensch, ganz besonders aber der Analphabet, das Buch, die Lehre als Quelle der Weisheit, jedoch nicht verstehen kann, wurde das Prajnaparamita von den Künstlern gerne auch als schöne Frau abgebildet. Schöne Frauen sind spontan Objekte der Verehrung, und der Weisheit gebührt ja höchste Verehrung. Eine der tibetischen Kunstfiguren hält auch anstelle des Buches ein Herz in ihrer Hand: die Weisheit des Herzens. Die Verbindung von Weisheit mit Barmherzigkeit ist die Art und Weise, wie wir den Weg zur Erleuchtung beschreiten, so wie wir den linken Fuß (Weisheit) und den rechten Fuß (Barmherzigkeit) beim Vorwärtsgehen benutzen. Die Weisheit wird dabei als weiblich angesehen und die Barmherzigkeit als männlich, so wie auch in der christlichen und islamischen Kultur Gott bzw. Allah als eher männlich gelten und der All-Barmherzige und All-Gnädige genannt werden.

Antike europäische und orientalische Gottheiten, deren Attribut die Weisheit ist, sind oft weiblichen Geschlechts: die griechische Athene, die römische Minerva oder die ägyptische Isis, eine Muttergottheit, die ihren Sohn Horus auf dem Schoß hält. Sie gilt als Vorgängerin der griechischen Göttin Sophia und der späteren christlichen Mutter und Jungfrau Maria. Statuen und Bildnisse der schwarzen Madonna (deren Ursprung möglicherweise die schwarze Isis ist) gelten als besonders heilkräftig. Schwarz ist die Farbe der Erde. Weiß ist die Farbe des Lichts und der Sonne, also des Himmels, denn von dort kommt das Licht. So entstand im kollektiven Bewusstsein das Bild von der Mutter Erde und vom Vater im Himmel. Das göttliche Paar. Die Zwei.

Die Zwei hat jedoch auch negative Bedeutungen, weil sie ja das Negative als Gegenteil vom Positiven überhaupt erst hervorgebracht hat. Wir wüssten ja, wie gesagt, gar nicht, was positiv ist, wenn wir nicht das Negative im Vergleich dazu hätten. So kann uns der Zweifel an uns selbst oder an der Welt in die Ver-Zwei-flung treiben. Wenn wir nicht aufhören können zu zweifeln, werden wir zu notorischen Zweiflern und kommen nicht vorwärts, sondern treten auf der Stelle. Wir kennen die Zwie-Tracht im Gegensatz zur Ein-Tracht. Wir kennen den Zwie-Spalt und den Zwist. Wir meiden zwie-lichtige Gestalten.

Der andere, der Fremde wurde uns in der Geschichte oft genug als Gegner präsentiert, als jemand, den man besiegen muss, ausmerzen, vernichten. Es kämpfen Weiße gegen Schwarze, der Mensch gegen die Natur, Rechtgläubige gegen Ungläubige und Machthaber gegen Untertanen und umgekehrt.

Die Spannung zwischen mir und dem anderen kann dagegen fruchtbar sein, wenn wir uns in Weisheit und Liebe üben. Sie kann aber auch zerstörerisch sein. Besonders krass ist das Anders-Sein von uns als unperfekten Menschen und jenem »superperfekten« Gott, der uns »nach seinem Bild geschaffen hat«.

Die Zwei ist die Verdoppelung der Eins. Wenn wir mit dem Verdoppeln fortfahren, dann kommen wir ziemlich bald in ziemlich hohe Zahlen. Wir alle kennen die Geschichte vom Schachbrett und dem Bauern, der sich als Belohnung von seinem Kaiser Folgendes gewünscht hat: »Lege mir auf das erste Feld ein Reiskorn, auf das zweite Feld zwei Reiskörner, auf das dritte Feld vier Reiskörner, auf das vierte Feld acht Reiskörner und so weiter.« Der Kaiser sollte ihm also für jedes Feld des Schachbretts doppelt so viele Körner wie auf dem Feld davor geben. Das Ergebnis bei nur 64 Schachbrett-Feldern sind Milliarden Tonnen Getreide, die mehrfache jährliche Weltgetreideproduktion!

Da die Zwei die Verdoppelung der Eins ist, ist dann der Mensch auch die Verdoppelung von jenem schwer verständlichen Einen, das keinen Unterschied kennt zwischen gut und schlecht? Könnte es sein, dass dieses Eine sich selbst erst in seiner Verdoppelung, in seiner Spiegelung selbst erkennt? Und dass erst im Entscheiden und Unterscheiden zwischen hell und dunkel oder gut und böse das All-Gütige, das All-Erbarmen von uns Menschen erkannt werden kann?

Die Zwei ist auch die Zahl des Halbierens, das schließlich im unendlich Kleinen endet. Gerade in diesen Tagen haben Wissenschaftler die kleinstmögliche Masse gefunden, das Higgs-Teilchen. In den Massenmedien wird es auch das »Gottesteilchen« genannt und Papst Benedikt fürchtet angeblich schon um seine Interpretationshoheit. Dabei kann das, was wir als Christen Gott nennen, nicht in einem materiellen Teilchen gefunden werden und sei es noch so klein. Da mag die Cern-Anlage, in der das Higgs-Teilchen entdeckt wurde, noch so groß und kostspielig sein. Dieses unendlich Kleine kann wohl nur in der ganz persönlichen Erfahrung jedes Einzelnen gefunden werden, wenn wir die beiden rein geistigen Vollkommenheiten der Barmherzigkeit und der Weisheit in unserem Bewusstsein entwickelt haben.

Die Zwei im Enneagramm

Die Zwei steht hier für das Weibliche, die Mutterkraft und die Muttergöttin. Ihre Tugend ist die Demut. Demut heißt vom Wortsinn her »Dien-Mut« (von althochdeutsch »diomuoti«), also der Mut, anderen freudig und aus freiem Willen zu dienen.

Die Transformations-Aufgabe der Zwei ist die Überwindung von Gier. Sie ist die erste Verdoppelung der

Eins und strebt so nach immer mehr. Das kann in Gier ausarten. Weise ist sie, wenn sie weiß, wann es genug ist. Auch zu viel Anhäufung von Wissen ist der Entwicklung von Weisheit nicht dienlich. Im Hebräischen sind »rechnen« und »denken« dasselbe Wort. Satan, der ganz andere, der Widersacher der Weisheit, gilt darum auch als »der Engel, der zu viel gedacht hat«.

Kreative Übung mit der Zwei

Wenn die Zwei in einer Heilzahlen-Reihe auftaucht, ist mir all das bewusst, was ich über diese Zahl weiß, auch wenn ich die Details nicht alle auswendig kenne. Wenn die Zwei erscheint, dann freue ich mich, weil sich die Einheit verdoppelt hat. Das verheißt die doppelte Freude! Ich freue mich auch über die erste »weibliche« Zahl und über die Weisheit, die sie verkörpert. Mein Herz lacht bei der Zwei! Und ich weiß auch um die immer fortlaufende Halbierung von Leid, bis das Leid so klein geworden ist, dass es nicht mehr wahrnehmbar ist.

Die Drei

Das gleichschenklige Dreieck ist ein bekanntes Symbol für die Drei. Es ist die einfachste geometrische Figur in der Ebene und findet sich häufig als Dreiecks-Komposition in der Malerei und der Fotografie. Im Dreieck sehen wir Harmonie, Ruhe und klare Form verkörpert.

Die Drei in der Mystik der Kabbala

Die Entsprechung für den dritten Hauptast im Baum des Lebens der Kabbala heißt »Binah«. Binah ist aus der Vereinigung von Eins und Zwei entstanden und ist doch etwas ganz Neues und Eigenständiges. Aus der Komposition von Raum mit Zeit ist Form hervorgegangen.

Der Name Gottes für die Drei lautet »Jehova«. Nach einer alten mündlichen Tradition der Hebräer gibt es ein heiliges Wort, einen Gottesnamen, der der Schlüssel für alle Wissenschaften ist. »Iod-He-Vau-He«, eine andere Sprechweise für Jehova, sei dieser Schlüssel. Die Israeliten nahmen dieses Wort niemals in den Mund und es wurde nur einmal im Jahr vom Hohepriester ausgesprochen, unter dem lauten Gejohle des Volkes, sodass das geheime Schlüsselwort nicht verstanden werden konnte.

Gedankenspiele und Assoziationen

Aus dem Paar, das sich vereinigt hat, ist ein Drittes hervorgegangen, das Kind. So steht die Drei zuerst für Familie, für die Einheit von Vater-Mutter-Kind. Wenn der Vater mit der Eins die Tatkraft darstellt, die Mutter mit der Zwei die Weisheit, dann steht das Kind für die Liebe, entstanden aus der Komposition von Weisheit und Tatkraft. Tatkraft ist aktives Tun, Weisheit entwickelt sich im passiven Lauschen, im Rückzug. Im Miteinander ist die Liebe geboren worden. Die wirkliche Liebe liebt alle und jeden und ist damit neutral. Sie unterscheidet nicht zwischen gut und schlecht, sondern liebt einfach.
Wir leben in drei Zeiten, Vergangenheit, Gegenwart und Zukunft, obwohl wir natürlich immer nur in einer einzigen Zeit leben können, der Gegenwart. Wenn wir die Gegenwart jedoch greifbar machen

wollen, dann gelingt es uns nicht. Kaum ist Gegenwart da, ist sie schon Vergangenheit geworden. Nur im Eintauchen in eine tiefe meditative Stille können wir die Gegenwart, die gleichsam das neutrale Kind der beiden Gegensätze Zukunft und Vergangenheit ist, wahrnehmen. Und nur, weil wir die Zeit in Jahren oder Minuten zählen, weil wir vorher von nachher unterscheiden, können wir Zeit überhaupt erst wahrnehmen. Zeit ist jedoch mehr als nur eine Maßeinheit. Zeit ist ein Mysterium.

Wenn in der Zwei die beiden Gegensätze Weiß und Schwarz aufgetaucht sind, so tauchen mit der Drei erstmals Farben auf, die drei Grundfarben Rot, Gelb und Blau. Die Schönheit der Welt tritt mit diesen drei Farben in all ihren Schattierungen in uns ein. Ein weiterer wichtiger Baustein für die Empfindungen unseres Daseins in der Welt ist das Raumempfinden, mit den drei Dimensionen Länge, Breite und Höhe.

In der Mathematik ist die Drei die erste ungerade Primzahl*. Manche Mathematiker sind von Primzahlen besonders fasziniert und haben spezielle Arten von Primzahlen herausgefunden, die dann jeweils mit ihrem Namen in die Geschichte eingegangen sind. So ist die Drei auch zur ersten »Mersenne-Primzahl«, zur ersten »Fermat-Primzahl« und zur zweiten »Sophie-Germain-Primzahl« geworden. Was das

---

* Primzahl: eine von 1 verschiedene Zahl, die nur durch 1 und sich selbst teilbar ist. Die Zahl 2 ist die einzige gerade Primzahl, alle anderen Primzahlen sind ungerade.

genau bedeutet, verstehen nur Mathematiker unter sich.

Im Alltag essen wir gewöhnlich drei Mahlzeiten am Tag und wir lassen unseren Gedanken zuerst Worte und dann Taten folgen: Gedacht, gesagt, getan! Ich denke, also spreche ich darüber und dann mache ich es auch.

Geist – Sprache – Körper ist auch ein bedeutender Drei-Satz im Buddhismus. Die zehn Handlungen, die Buddhisten üben sollen, sind in drei Handlungen des Körpers (Nicht-Töten, Nicht-Stehlen, Nicht-Ehebrechen), vier Handlungen der Sprache (Nicht-Lügen, Nicht-Beleidigen, Nicht-Verleumden, Nicht-Schwatzen) und drei Handlungen des Geistes (Begeisterung, Achtsamkeit, Konzentration) eingeteilt. Auch die Zufluchtnahme zu den drei Juwelen, den drei Kostbarkeiten, ist für Buddhisten ein bedeutsamer Schritt. Sie suchen und finden Zuflucht beim Buddha selbst, bei seiner Lehre (dem Dharma) und bei der Gemeinschaft der Gleichgesinnten (der Sangha).

Im Christentum sprechen wir von der Einheit von Körper, Seele und Geist und von der Heiligen Dreifaltigkeit, bestehend aus Vater, Sohn und Heiligem Geist. Es ist schade, dass das Weibliche in dieser Dreifaltigkeit nicht vorkommen darf. So als gäbe es keine Töchter Gottes und als könne ein Vater ohne eine Mutter einen Sohn zeugen. Im Heiligen Geist des Christentums sehe ich persönlich das Weibliche, die Zwei, die Weisheit, höheres Wissen. Vielleicht kommt einmal eine Zeit, wo das Christentum sich von seiner ausschließlich männlich geprägten Form und Sprache verabschieden möchte. Wir sind doch alle Töchter und Söhne von Gott-Vater und Mutter-Erde! Für mich klingt das viel stimmiger! Immerhin gibt es aber die Heilige Familie, bestehend aus Maria, Josef und Jesus.

Die Verehrung von vorchristlichen weiblichen Gottheiten war übrigens auch in der Regel eine dreifache: die jungfräuliche Göttin, die Mutter-Göttin und die alte Weise. Die weiß gewandete Jungfrau in der Farbe der Unschuld, die rot gewandete mütterliche Göttin in der Farbe des (Menstruations-)Blutes und der Fruchtbarkeit und schließlich die schwarz gewandete Göttin in der Farbe der Trauer, des Todes und der Sterbebegleiterin. Wir kennen alle diese drei Figuren im Christentum mit Maria als Jungfrau, Maria als Mutter und endlich als Pieta, die ihren toten Sohn in den Armen hält.

Während ich hier schreibe, gehen die Olympischen Spiele zu Ende, bei denen jeweils die drei Besten mit Gold-, Silber- und Bronze-Medaillen geehrt wurden. Wir klopfen dreimal auf Holz und sagen dabei toi, toi, toi, wenn wir uns Glück wünschen.

Im Märchen müssen die Helden häufig drei Prüfungen bestehen und manchmal kommt eine Fee und man hat drei Wünsche frei. Vor einiger Zeit bekam ich eine E-Mail mit einer kleinen Ritual-Anweisung für den Besuch von Engeln, die drei Wünsche erfüllen würden. Die beiden einzigen Bedingungen für die Wunscherfüllung waren, dass man den Engeln für fünf Tage Gastfreundschaft gewährte und dass man nach den fünf Tagen drei Personen fand, die den Engeln ebenfalls Obdach geben würden. Die erste Bedingung ist ja nicht schwer zu erfüllen. Schließlich sind Engel feinstoffliche Wesen. Sie benötigen nur symbolisch eine kleine Speise und einen Ort der Ruhe, also zum Beispiel einen Apfel und einen kleinen Hausaltar. Die Anwesenheit von Engeln ist sehr angenehm, auch wenn diese – wie Spötter behaupten – nur in der Einbildung stattfindet. Wenn die Einbildung dazu führt, dass wir uns gut fühlen und dass drei Wünsche erfüllt werden, wo ist das Problem? Es war jedoch erstaunlich schwierig, drei Personen zu finden, an die ich den Besuch der Engel weiterleiten konnte. Wer glaubt heute noch an Engel oder an Wunscherfüllung? Ist das Kind, also die Drei in uns, verloren gegangen?

Die Drei im Enneagramm

In unserem Enneagramm-System steht die Drei im erlösten Zustand für das göttliche Kind. Aus der Liebes-Beziehung zwischen Vater-Gott und Mutter-Göttin, zwischen Himmel und Erde ist ein Kind entstanden. So bedeutet die Drei die Liebe schlechthin. Im unerlösten, d.h. im absolut krankhaften Zustand steht die Drei für die Unwissenheit, die Ignoranz.

Wenn wir diesen Typus im Theaterspiel erforscht haben, dann gaben wir ihm den Schimpfnamen »dummes Arschloch«. Ja, ich weiß, das ist gar nicht fein, und ich wage es kaum, das gemeine Wort hinzuschreiben. So ein schlimmes Schimpfwort nahmen wir denn auch im Spiel nicht direkt in den Mund. Aber wir spielten damit. Völlig ahnungslos tappten wir dümmlich grinsend neben der Spur einher. Wir wussten nicht, wie wir uns benehmen sollten, ließen uns wie hirnlose Marionetten herumschieben und verstanden überhaupt nicht, was los ist in der Welt. Irgendwie wollten wir die Welt auch nicht verstehen. Die Wahrheit ist nämlich nicht unbedingt schön. »Wahre Worte sind nicht schön. Schöne Worte sind nicht wahr«, wusste schon Lao Tse. Wir konnten die Wahrheit von der Lüge nicht unterscheiden und ließen uns im wahrsten Sinne des Wortes »verarschen«. Im Mittelfeld zwischen Erlöstem und Unerlöstem suchen wir nach der Liebe und finden sie zumeist doch nicht dort, wo wir suchen. Denn wir suchen die Liebe außerhalb. Wir möchten geliebt werden und glauben in unserer Unwissenheit, dass uns das gelingt, wenn wir gut ausschauen oder wenn wir ein tolles Auto fahren, wenn wir teuer gekleidet sind oder in einer gehobenen Wohngegend leben. Oder dass wir geliebt werden, wenn wir es im Sinne der konventionellen Wirklichkeit zu etwas gebracht haben. Solchen Illusionen rennen wir in unserer Dummheit hinterher und lassen uns dabei auch noch gehörig ausnehmen. Man stelle sich eine Gesell-

schaft vor, in der die drei buddhistischen Wurzelverblendungen Hass – Gier – Unwissenheit überwiegend in ihren erlösten Zustand von Kraft – Weisheit – Liebe verwandelt worden wären. Bräuchten wir dann noch Stöckelschuhe, Lippenstifte und Schönheitsoperationen? Wahrscheinlich würden dann riesige Zweige der Wirtschaft zusammenbrechen. Unser Wirtschaftssystem bricht zwar ohnehin gerade zusammen, aber vielleicht schaffen wir es ja, etwas Kreatives und Neues inmitten des Zusammenbruchs zu gestalten.
Unsere Aufgabe im Spiel mit den Enneagramm-Typen besteht darin, dieses Erzkellerkind in uns anzuschauen und aus dem Kellerverlies zu befreien. Auch der Teil von uns, der so furchtbar unwissend, ja dumm ist, gehört zu uns. Wenn es uns gelingt, diesem Teil von uns Raum zu geben, ohne ihn zu verurteilen und ohne ihn zu verleugnen, dann können sich die drei Erzkellerkinder Hass, Gier und Unwissenheit mit der Zeit verwandeln und heilen, bis wir schließlich ganz und gar »Söhne und Töchter Gottes« geworden sind.
Die drei Erzkellerkinder sind nun vorgestellt. Sie sind unser größtes Hindernis und zugleich unser größter Schatz auf dem Weg zur Entfaltung all unserer Potenziale. Wer will schon gerne die eigene Gier, den eigenen Hass und die eigene Dummheit zugeben? Wir sehen zwar, dass die ganze Welt davon voll ist, und gruseln uns bei den Meldungen der Tagesschau und der Zeitungslektüre. Leider finden ja Er-

lebnisse, die von den Erzkellerkindern in ihrer erlösten Form erzählen, den Weg in die Tagesschau nicht. Oder haben Sie schon mal eine Sensationsmeldung gehört über die Freude darüber, dass ein Kind einer Mutter an einem gewöhnlichen Tag einen selbst gepflückten Blumenstrauß überreicht hat? Einfach so.

Kreative Übung mit der Drei

Wenn die Drei in einer Heilzahl für mich auftaucht, dann freue ich mich und verbinde damit das Gefühl, unbeschwert wie ein Kind zu sein. Ich fühle mich wie die Tochter von Mutter Erde und Vater Gott, die mutig eine revolutionäre neue Heilmethode ausprobiert und damit erfolgreich heilerisch tätig ist. Ich mag die Drei als Zahl für die Liebe.

Die Vier

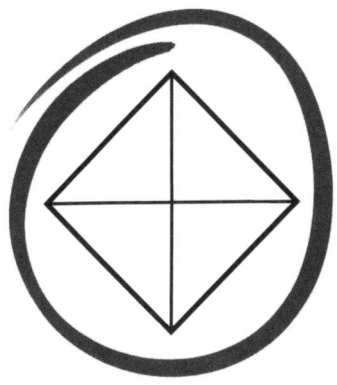

Symbole für die Vier sind das Quadrat oder das Kreuz. Das Kreuz weist auf die vier Richtungen und die vier Zeiten im Jahreskreis und im Tagesverlauf. Es erinnert uns auch an das Kreuz im Christentum, das Symbol für die Neuordnung. Jesus war ja ein Angehöriger der jüdischen Glaubensgemeinschaft und strebte mit seiner Lehre eine Belebung und Erneuerung verkrusteter Strukturen an, nicht die Gründung einer neuen Weltreligion. Das Symbol des Kreises mit dem Kreuz in der Mitte ist nicht nur im Christentum bekannt, sondern auch in den asiatischen Kulturen als Mandala und in den indigenen Kulturen Nord- und Südamerikas als Medizinrad.

Die Vier in der Mystik der Kabbala

Mit der Vier ist Materie, d.h. Form erschienen, die sich in den vier Richtungen manifestiert. Der vierte Zweig im Weltenbaum der Kabbala heißt »Chesed«. Er verdoppelt die Ur-Idee der Zwei (Plus und Minus) zu den vier Dimensionen, die sich in Länge, Breite, Höhe und Tiefe zeigen.
Chesed bringt Liebe, Barmherzigkeit, Gnade und Treue in die Welt. Der Urvater Abraham steht mit Chesed in Verbindung, denn er ist sozusagen die erste Frucht, die aus dem oberen Heiligen Dreieck des Lebensbaumes hervorgegangen ist.
Der Name Gottes für die Vier ist »El«. El bedeutet Gnade, Barmherzigkeit, Erbarmen und Gerechtigkeit. El begegnet uns auch in der Wortwurzel von Allah, dem All-Erbarmer. El ist das Eine, das sich wie der Diamant in der Form des Tetraeders zeigt. Ein Tetraeder ist ein vier-flächiger Körper, bestehend aus vier drei-eckigen Seiten.

Gedankenspiele und Assoziationen

Die Vier ist die Zahl, die Ordnung schafft. Mit den vier Grundrechenarten lernen wir als Kinder die Voraussetzungen für abstraktes und zugleich ordnendes Denken. Wir lernen hinzufügen und abziehen, zu teilen und zu vervielfältigen. Mit der Vier entdecken wir die vier Himmelsrichtungen und finden damit

Orientierung im Raum. Unsere Vorfahren, die als Nomaden herumzogen, bezogen sich auf die Sonne und ihre Bewegung vom Aufgang im Osten bis zum Untergang im Westen. Dabei teilt die Sonne die Zeit in vier Zeiträume, markiert durch Sonnenaufgang, Mittag, Sonnenuntergang und Mitternacht. Die Sonne teilt die Zeit auch in die vier Jahreszeiten und gibt uns dadurch Orientierung. Wir feiern noch heute große Feste zu den Übergängen der jeweiligen Jahreszeiten: Ostern zur Frühjahrs-Tagundnachtgleiche und Weihnachten zur Wintersonnenwende. Zur Sommersonnenwende zünden wir die Johannisfeuer an und zur Herbst-Tagundnachtgleiche feiern wir Michaeli und das Erntedankfest.

Neben der Sonne dient uns auch der Mond mit seinen vier Phasen zu je sieben Tagen zur Orientierung in der Zeit. Unsere Ahnen schliefen unter dem freien Himmel und betrachteten den Vollmond, den abnehmenden Halbmond, den Neumond und den zunehmenden Halbmond.

Wir kennen die vier Elemente Feuer, Wasser, Luft und Erde und ordnen ihnen Symbole zu. Das Kerzenlicht, Fackeln aus brennbarem Holz, aber auch Zauberstäbe gehören zum Element des Feuers. Der Kelch, besonders der Heilige Gral, versinnbildlicht das Wasser. Zum Element Luft gehören Schwerter oder die Federn schöner Vögel wie Adler, Falke oder Kondor, zum Element Erde die Edelsteine, die Blumen und Früchte und nicht zuletzt das liebe Geld.

Bei schamanischen Zeremonien werden neben den

vier Richtungen auch die vier Tierarten als Verwandte und Freunde angerufen und eingeladen: die Geflügelten, die Schwimmenden, die Kriechenden und die Vierbeinigen.

Wir kennen die vier Lebensphasen des Menschen, nämlich Kindheit, Jugend, Erwachsensein und Alter. Einer meiner Yoga-Lehrer erzählte einmal, dass diese vier Phasen bei gesunder Lebensführung jeweils 30 Jahre währen. So würden wir erst im Alter von 30 Jahren aus den Kinderschuhen herauswachsen und in die Phase der Jugend eintreten, dort bis zu unserem 60. Lebensjahr jugendlich bleiben, um dann erst mit 60 Jahren allmählich erwachsen zu werden, ehe wir mit 90 Jahren in die Phase des Alters und der Altersweisheit eintreten, um dann mit etwa 120 Jahren friedlich und erfüllt zu sterben.

Im Christentum kennen wir die vier Evangelien. Die Zahl Vier war den Kirchenvätern so heilig, dass es nicht mehr als diese vier heiligen Bücher geben durfte. Die ab dem 2. Jahrhundert kursierenden zusätzlichen Evangelien, wie das Thomasevangelium oder das Evangelium der Maria Magdalena, gerieten so in Vergessenheit. Die vier Erzengel Michael, Gabriel, Raffael und Uriel, die auch den vier Elementen zugeordnet werden, sind uns ebenfalls geläufig.

Mancher weiß auch um die vier Kardinaltugenden, d.h. die vier wichtigsten Tugenden der christlichen Sittenlehre und der philosophischen Ethik: Klugheit, Gerechtigkeit, Besonnenheit, Tapferkeit.

Aus dem Hinduismus kennen wir die vier Kasten in

der hierarchischen Ordnung des gesellschaftlichen Lebens. Zur obersten Kaste gehören die Priester, die spirituellen und schriftkundigen Menschen, die Brahmanen. Die zweite Kaste besteht aus den Herrschenden, also den Kriegern und Beamten, die das soziale System bestimmen. Dann folgen die Händler und Kaufleute, die Grundbesitzer und freien Bauern in der dritten Kaste und als »Schlusslicht« in der vierten Kaste kommen die Handwerker, die Bauern ohne eigenen Grundbesitz und die Tagelöhner. Wer zu keiner der Kasten gehört, wird noch heute als Kastenloser ausgegrenzt und verachtet.

Die Lehre des Buddha beruht auf den Vier Edlen Wahrheiten:
1. Das Leben im Daseinskreislauf ist letztlich leidvoll.
2. Die Ursachen des Leidens sind die drei Geistesgifte Gier, Hass und Unwissenheit.
3. Erlöschen die Ursachen, erlischt auch das Leiden.
4. Das Auslöschen erfolgt über den Achtfachen Pfad. (Siehe dazu auch Gedankenspiele und Assoziationen zur Zahl Acht.)

Mein buddhistischer Meister wird nicht müde, uns Schüler darauf hinzuweisen, dass wir die ersehnte Weisheit über vier Stufen erlangen können. Zuerst sollen wir den Belehrungen des Buddha gut zuhören, dann sollen wir über das Gehörte lange und ausführlich nachdenken und es studieren. Die dritte

Stufe ist schließlich die eigenständige Erkenntnis der Wahrheit dessen, was wir gehört und gelernt haben, und die vierte und letzte Stufe besteht in der praktischen Anwendung.

Eine sehr schöne Hinwendung zur Vier im Buddhismus sind auch die vier Unermesslichkeiten. Es handelt sich um Fähigkeiten und Qualitäten des Geistes, die wir entwickeln können. Diese vier Unermesslichkeiten sind Gleichmut, liebende Güte, Mitgefühl und Mitfreude. Gleichmut als Wesensmerkmal unseres Geistes hilft uns bei der Überwindung von Hass und Gier, und zwar sowohl bei uns selbst als auch bei der Begegnung mit Hass und Gier im anderen. Liebende Güte hilft uns beim Hervorbringen von Glück für uns selbst und für andere. Mitgefühl ist das Allheilmittel gegen das Leiden und Mitfreude erzeugt Freude, wie der Name schon sagt. Interessant ist, dass das Wort »Mitfreude« im Deutschen lange Zeit gar nicht existierte, sondern als Wortschöpfung erstmals bei Friedrich Nietzsche auftauchte. Wie gut, dass sich die »Mitfreude« in unserem Wortschatz allmählich einbürgert und das Wort »Schadenfreude« in unserem Geist und in unserem Alltag hoffentlich bald ablöst.

Im Islam hören wir die Geschichte von den vier Flüssen im Paradies, die dem Propheten Mohammed vom Erzengel Gabriel gezeigt wurden. Der erste Fluss ist aus Wasser, er steht für die Klarheit des Geistes. Der zweite Fluss ist aus Milch als Symbol für die Nahrung des Geistes, die zur Erkenntnis wird. Der

dritte Fluss ist aus Honig, er spricht von der Süße der Hingabe an die göttliche Energie. Der vierte Fluss ist aus Wein und er bedeutet die Ekstase der Vereinigung, wenn das »Ich« sich auflöst im Großen Geheimnis, in Allah.
Im Alltag freuen wir uns, wenn wir ein vierblättriges Kleeblatt finden, denn es soll uns Glück bringen.

Die Vier im Enneagramm

Der Vier ordnen wir als unerlöste Eigenschaft die Wollust zu. Ach, die Wollust! Unser Kellerkind heißt »Flittchen«, und wenn wir diesen Typus tanzen oder spielen, dann sind wir von Kopf bis Fuß auf Liebe, nein genauer: auf Sex eingestellt. Wir schwingen unsere Hüften und wackeln mit den Brüsten, wenn wir Frauen sind. Wir putzen uns heraus und sind uns unserer vollen Lippen und unseres verführerischen Augenaufschlags voll bewusst. Wir sind verführerisch und lassen uns verführen, egal welche Folgen es hat. Als Männer genießen wir es vielleicht, Komplimente zu machen oder leichtfertige Heiratsversprechen. Wir kosten jede erotische Stimmung voll aus und wissen, wie wir sie erzeugen können.
Wenn die »Todsünde der Wollust« in uns umgewandelt ist in eine gesunde und heilsame Kraft, dann können wir uns der Liebe in der Sexualität ganz hingeben und wissen sie so zu gestalten, dass wir Vertrauen erlangen und unseren Körper als Instrument

von Lust und Kraft achten. In der Vollendung der Liebeskunst können wir ekstatische Erfahrungen der höchsten Liebe machen. Die Liebe heißt nicht umsonst »das Höchste der Gefühle«.

Kreative Übung mit der Vier

Eine Möglichkeit, mit der Vier als Heilzahl in Kontakt zu kommen, ist, mit allen vieren, also mit Händen und Füßen zu tanzen. Dabei bin ich mir bewusst, dass ich mit der Vier tanze. Ich bin mir auch bewusst, dass ich beim Tanzen meine mir innewohnende Wollust verwandle in eine gesunde Handlung, wenn ich meinen Körper bewege.

Die Fünf

Das Pentagramm ist das Symbol der Fünf. Der fünfzackige Stern des Pentagramms ist ein Attribut antiker Göttinnen. Die Venus, die römische Göttin der Liebe und der Schönheit, steht als Stern mit fünf Zacken jede Nacht am Himmel. Der Fünfstern als Symbol steht auch für Ischtar, die mesopotamische Planetengöttin, und für Inanna, die sumerische »Herrin des Himmels«.

Die Geometrie ist die fünfte der Sieben Freien Künste der Antike und des Mittelalters und das Pentagramm ist ihr Symbol.

Außerdem gilt das Pentagramm seit alters als Bannzeichen gegen das Böse und wurde zum Schutz gegen Dämonen und den bösen Blick auf Häuser und Türschwellen gemalt.

Die Fünf in der Mystik der Kabbala

Der Fünf wird das Menschsein zugeordnet, das mit seinem Erkenntnisorgan, dem menschlichen Geist, aus dem Wirken der vier Elemente hervorgegangen ist. Das Zahlwort heißt »Gebura« und bedeutet auch »der linke Arm Gottes«. Fünf ist die Hälfte von zehn, dem gesamten Makrokosmos, demzufolge gehört Gebura zum Menschen in seinem kleinen Mikrokosmos.

Der Gottesname für die Fünf ist »Elohim Gibor« und bedeutet Macht, Kraft, auch Urteil und Urteilskraft. Elohim Gibor ist auch das flammende Schwert, welches der Gerechtigkeit, die in der Vier entstanden ist, kraftvoll zur Durchsetzung verhilft.

Gedankenspiele und Assoziationen

Mit der Zahl Fünf verbinden wir den Begriff »Quintessenz«. Quintessenz heißt wörtlich »ein fünftes Seiendes« und will damit sagen, dass es zusätzlich zu den vier Elementen noch ein fünftes Element gibt, das den Körpern überhaupt erst Lebendigkeit verleiht. Damit wäre die Quintessenz, also dieses fünfte Element, das Wesentliche und das wichtigste Element. Es ist gleichsam der Atem des Lebens oder die Lebensenergie schlechthin.

Im Westen hat Aristoteles die Idee eines fünften Elements geprägt. Er nannte es »Äther« und ging davon aus, dass dieser geheimnisvolle Äther die anderen vier Elemente überhaupt erst hervorgebracht habe. Zugleich nahm er an, dass der Äther unvergänglich sei, während die vier Elemente sich wandeln und vergehen. Feuer entzündet sich und erlischt. Wasser verdampft, Erde wird zu Staub und verweht. Luft ist im ständigen Austausch des Stoffwechsels der Pflanzenwelt mit der Tier- und Menschenwelt. Nur der Äther bleibt immer gleich und unveränderlich. Der Äther ist laut Aristoteles die Energie, die stets erhalten bleibt. Der Blitz wurde als Erklärung und Sinnbild für diese geheimnisvolle Energie verwendet.

In der unabhängig von Aristoteles entstandenen indischen Philosophie der Vaisheshika entspricht der Begriff »Akasha« dem Äther.

Im Verlauf der Zeit wurde das Wort »Quintessenz« immer mehr zum Synonym für »Essenz«. Gemeint ist damit das eigentliche Wesen einer Sache oder auch das Ergebnis.

Die Zahl Fünf erinnert auch an den Menschen als Wesenskern, als Quintessenz des Mikrokosmos. Die Fünf ist die Hälfte der Zehn, und da die Zehn die Zahl der Vollendung im Makrokosmos versinnbildlicht, ist der Mensch der Inbegriff der Vollendung im Mikrokosmos. Natürlich erst dann, wenn es dem Menschen gelungen ist, seine eigene Vollendung zu vollenden. Alle Wirkungen, die der Mensch dank seiner Kräfte und Begabungen zustande bringt, gehören zur Zahl Fünf.

Wir benutzen unsere fünf Sinne zur Wahrnehmung unserer »kleinen Welt«, des Mikrokosmos, und unser ganzer Körper entspricht in seinen Maßen der Idealeinheit des goldenen Schnittes, wenn wir uns mit ausgestreckten vieren in einen Kreis stellen. Die meisten von uns kennen den »vitruvianischen Menschen« von Leonardo da Vinci, der genau dieses Ideal in einer Zeichnung zeigt.

In der Natur sehen wir oft Blüten, die aus fünf Blütenblättern zusammengesetzt sind. Allen voran die Apfelblüte, aus der der Apfel entsteht, das Attribut der Liebesgöttin Aphrodite.

Im Christentum sind die fünf Wundmale von Jesus von zentraler Bedeutung. Die fünf Wunden werden in alten Heilgebeten immer wieder als Zufluchtsobjekte genannt.

Der Islam hat fünf Pfeiler des Glaubens: das Bekenntnis zu Allah und seinem Propheten, das tägliche Gebet, das Fasten im Ramadan, das regelmäßige Almosengeben und die Pilgerreise nach Mekka.

Im Herzsutra, dem bedeutendsten Text der buddhistischen Weisheitsliteratur, ist von den Fünf Skandhas die Rede. Diese sind: der Körper, die Wahrnehmung, das Empfinden, das Wollen und das Bewusstsein.

Die Fünf im Enneagramm

Der Fünf ordnen wir als unerlöste Eigenschaft den Geiz zu. Wenn wir den Geizhals spielen oder tanzen, dann werden wir ganz eng und starr in unseren Bewegungen. Ständig haben wir Angst, dass uns jemand etwas wegnehmen könnte. Wir sind von oben bis unten verkrampft. Verspannungen und Verkrampfungen erfassen unsere ganze Figur. Gebückt und verkrüppelt bis in die Fingerspitzen halten wir an etwas fest. Was ist dieses Etwas? Geld? Sicherheit? Voller Argwohn halten wir uns zurück, eingesponnen in Angst und Misstrauen, wodurch wir mehr tot als lebendig erscheinen.

Wenn die »Todsünde des Geizes« in uns umgewandelt ist in eine gesunde Kraft, dann werden wir großzügig. Es macht uns Freude zu geben, und zwar nicht nur materielle Dinge, sondern insbesondere gehen wir dazu über, unsere Talente, die Gaben, die wir mitgebracht haben, in uns zu entwickeln und auszugeben. Wir fragen uns, wie und wo wir uns entfalten können und öffnen uns für unsere Potenziale.

Kreative Übung mit der Fünf

Eine Möglichkeit, sich auf die Fünf zu konzentrieren, ist die Konzentration auf das Symbol. Wir können in der Meditation visualisieren, wie wir mitten im Pentagramm stehen: Unser Kopf ist der oberste Strahl des Sterns, unsere beiden Hände sind die beiden Strahlen links und rechts oben, unsere Füße die beiden unteren Strahlen. In dieser Position lassen wir uns von innen heraus mit goldenem Licht in

Form eines Pentagramms bestrahlen. Dabei wissen wir, dass es um unsere echte Menschwerdung geht, um die Quintessenz unseres Daseins.

Die Sechs

Wir kennen mehrere Symbole für die Sechs. Das bekannteste ist wohl der sechseckige Stern, der sich aus zwei ineinandergeschobenen Dreiecken zusammensetzt. Zieht man eine Linie entlang der sechs Sternenspitzen, erhält man ein Sechseck, das Hexagramm, das aus sechs Ecken und sechs Seiten besteht. Aus drei einander kreuzenden Linien wird ein Kreuz mit sechs Strahlen. Den sechsstrahligen Stern finden wir in der Natur in besonders kostbaren Edelsteinen wie dem Stern-Saphir oder dem Stern-Rubin.

Die Sechs in der Mystik der Kabbala

Während die Fünf den Menschen als Mikrokosmos versinnbildlicht, steht die Sechs erneut für die Ausdehnung in den Makrokosmos. Denn der Mensch kann in seinem Geist, wenn er in der Lage ist, sich entspannt zu konzentrieren, Mikrokosmos und Makrokosmos zusammenfügen. »Tipheret«, so der Name des sechsten Zweiges im Weltenbaum, spricht von Schönheit, Ruhm und Freude und gehört zur Sonne.

Der sechste Name Gottes lautet »Eloha Vaudahat«. So wie die beiden Dreiecke ineinander verschlungen sind, so eng ist das Göttliche mit dem Menschlichen verbunden. In der jüdischen Mystik gilt der Davidstern als das Symbol der eigenen Identität des jüdischen Volkes. Die Merkaba (althebräisch für »Wagen«) bezeichnet ein feinstoffliches »Fahrzeug«, bestehend aus einem dreidimensionalen Sechsstern, in dem der hoch entwickelte Mensch mühelos durch Raum und Zeit reisen kann. Die Propheten Enoch und Ezechiel berichten von solchen »Fahrzeugen« und ihren eigenen Erfahrungen damit. Sie reisten mit diesem Symbol in ihren Visionen direkt in den höchsten Himmel, in die Einheit. Der Stern mit seinen zwei pyramidenförmigen Teilen weist mit seiner unteren Pyramide auf das Menschsein innerhalb der Materie. Die obere Pyramide zeigt mit ihrer Spitze auf die nichtstoffliche Welt des reinen Ideals der Einheit mit allem.

Gedankenspiele und Assoziationen

Die Zahl Sechs gilt in der Mathematik als erste sogenannte vollkommene Zahl, denn die Summe ihrer Teiler ergibt sie selbst: 1+2+3=6.
In der Geometrie zählt der Würfel mit seinen sechs gleichen Flächen zu den fünf platonischen Körpern. Und dann ist die Sechs auch eine zweidimensionale Kusszahl. Ich kann Ihnen nicht erklären, was sich hinter einer Kusszahl verbirgt. Interessant ist jedoch, dass diese Zahlen bis zur 24. Dimension bekannt sind. Bis zur 24. Dimension! Die Kusszahl der 3. Dimension ist 12, also 2 x 6. Die Kusszahl der 4. Dimension ist 24, also 4 x 6. Für fröhliche Gemüter mag die Tatsache, dass die Sechs eine Kusszahl ist, ein Grund mehr sein, sie zu mögen.
In der Natur finden wir viele Sechsfüßler, die süßen Marienkäfer oder die etwas brummigen Maikäfer. Und nicht zu vergessen, die Honigbienen mit ihren sechseckigen Bienenwaben, aus denen sie die Behausungen für hochkomplexe soziale Staaten bauen. Die meisten von uns wissen gar nicht, wie abhängig wir von diesen kleinen Geschöpfen sind, denn sie bestäuben unsere Wild- und Kulturpflanzen. Sollte es eines Tages keine Bienen mehr geben, hätten wir mit unserem Speiseplan ein ernsthaftes Problem.
Die Kristalle der Schneeflocken sind sechsstrahlig, und es heißt, dass kein Schneeflocken-Kristall einem zweiten gleicht. In Schneeflocken zeigt sich die un-

glaubliche Vielfalt und kreative Gestaltungskraft der Natur.

In unserem Schulsystem hat die Sechs leider einen schlechten Ruf als schlechteste Note, während sie in der Schweiz die bestmögliche Bewertung darstellt.

Im Christentum spielt die Sechs eine Rolle bei den sechs Tagen, in denen Gott die Welt erschuf, bevor er am siebten Tag ruhte.

Sehr schön finde ich auch die Tradition, nach sechs Jahren Ackerbau dem Land – in Analogie zum Sabbat als Ruhetag – ein Jahr der Erholung zu gönnen. Nach dem 5. Buch Mose sollen in solch einem Sabbatjahr auch alle Schulden annulliert und alle Sklaven freigelassen werden.

Im Buddhismus kennen wir die sechs Daseinsbereiche, in denen wir je nach angesammeltem Karma von Geburt zu Geburt kreisen. Die sechs Bereiche sind:
1. Die Welt der Götter
2. Die Welt der Halbgötter
3. Die Welt der Menschen
4. Die Welt der Tiere
5. Die Welt der Hungergeister
6. Die Welt der Höllenwesen

Die Welt der Menschen ist in diesem System die beste aller Welten, besser selbst als die Welt der Götter. Denn nur der Mensch besitzt alle Voraussetzungen, um zur höchsten Erkenntnis und damit zur vollstän-

digen Befreiung zu gelangen. Götter haben zwar ein langes Leben und genießen dieses Leben mit allen nur erdenklichen Vorzügen. Doch auch dieses Dasein endet einmal, und dann fallen die Götter hinab in die Welt der Tiere, so heißt es in den Legenden.
Buddhisten kennen auch die sechs Paramitas, die sechs Vollkommenheiten. Wenn wir einen gewissen Reifegrad erreicht haben, also nicht mehr nur an uns selbst denken, sondern auch an unsere Mitmenschen, und zudem Mitgefühl hervorbringen können, dann treten wir in die Schulung der Vollkommenheiten ein. Diese Vollkommenheiten sind: Großzügigkeit, Ethik, Geduld, Begeisterung, Konzentration und Weisheit. Für uns im Westen ist das Üben von Geduld oft ein besonders schwieriges Unterfangen. Das Hervorbringen von Weisheit in dem Sinne, dass die Einheit der verschiedenen Wirklichkeiten als Eines wirklich erkannt und erfahren wird, ist das höchste Ziel.

Schließlich kennen einige von uns auch die 64 Hexagramme des I Ging. Ein Hexagramm besteht aus sechs waagrechten, übereinander angeordneten Linien. Die einzelne Linie ist entweder durchgezogen oder durchbrochen. Das I Ging ist ein sehr altes chinesisches Weisheitsorakel, älter noch als die Weisheitslehre von Yin und Yang. Die beiden Strichelemente – durchgezogen und durchbrochen – wurden in späterer Zeit dem positiven Yang und dem negativen Yin zugeordnet und verdienen unseren Respekt als erstes Dualsystem. Es ist unglaublich, welch hoch entwickelte Systeme die Menschen im alten China hervorbrachten.

Aus den beiden Strichelementen werden im I Ging zunächst vier Bilder erzeugt, die den vier Elementen entsprechen. Die Elemente gehen Beziehungen zueinander ein und dadurch entstehen acht mögliche Trigramme. Jedes Trigramm besteht dabei aus drei parallelen Linien, die wieder Eigenschaften der Natur spiegeln: die beiden Eltern Vater Himmel und Mutter Erde, dazu sechs Kinder, nämlich drei Söhne (der Donner, der Wasserfall und der Berg) und drei Töchter (der Wind, das Feuer und der See). Die Trigramme gehen miteinander erneut Paarbeziehungen ein und so entstehen insgesamt 64 Hexagramme, die eine Landkarte auf unserem Lebensweg zur Weisheit sind. Dabei macht das obere Trigramm eine Aussage zum kosmischen Ideal, während das untere Trigramm uns etwas über unsere menschlichen Belange sagt.

Das Hexagramm 64 – Vor der Vollendung

Das ist in der Symbolik des antiken China genauso wie in der Symbolik der Kabbala. Es wird immer und immer wieder auf die Beziehungen zwischen der

Mikro-Ebene des Menschen und der Makro-Ebene des Kosmos hingewiesen. Das Hexagramm mit seinen sechs Linien verweist auch auf die sechs Verständnisebenen: Instinkt, Eigeninteresse und individuelles Streben auf der menschlichen Ebene. Soziales Bewusstsein, Gesetz und schließlich Weisheit auf der kosmischen Ebene.

Die Sechs im Enneagramm

Ein recht beliebtes Kellerkind in unserem Schauspieltraining mithilfe von Enneagramm-Typen war das »Lästermaul«. Wir nannten es so, weil es der Todsünde der Völlerei verfallen war und am liebsten beim Kaffeekränzchen mit Sahnetorte über die Schwächen anderer Menschen herzog. Natürlich nur dann, wenn der andere nicht anwesend war. Diesem Kellerkind ging der Gesprächsstoff niemals aus. Wir spielten dieses Laster auf der Bühne so lange, bis es uns buchstäblich zum Hals heraushing. Völlerei, das altmodische Wort für Maßlosigkeit, für Egoismus zum Schaden des anderen taucht auch in einem subtileren Gewand auf, etwa als Sucht nach immer mehr Informationen bei immer weniger Sinngehalt.

Hatten wir dieses Kellerkind in uns selbst entdeckt und nach und nach erzogen, wurde das Laster verwandelt in die Fähigkeit zur soliden Menschenkenntnis. Wir können andere Menschen so sein lassen, wie sie sind, wissend, in welcher Phase der Entwicklung sie sich gerade befinden. Das beinhaltet auch Verständnis für deren Verhalten. Wenn wir unser Kellerkind »Lästermaul« sehr gut transformiert haben, sind wir uns auch bewusst, dass wir nur diejenigen Merkmale am anderen Menschen negativ kommentieren, die in irgendeiner Weise in uns selbst unerlöst sind. Denn unser Bewusstsein arbeitet wie ein Spiegel und zeigt uns stets nichts anderes als uns selbst.

Kreative Übung mit der Sechs

Ich stelle mir den sechszackigen Stern wie einen Schutzschild vor meinem Körper vor. Ich erinnere mich, dass der Stern »das Siegel Salomons« heißt, und spüre die uralte Kraft und Weisheit des Symbols. Es beschützt mich vor negativen äußeren Einflüssen und weist diese zurück. Von der Innenseite meines Schutzschildes spüre ich die heilenden Strahlen des Sterns in meinen Organismus eindringen und dabei ihre stärkende Wirkung entfalten.
Oder ich stelle mir vor, dass mir wie im Sabbatjahr alle »Schulden«, alles negative Karma, sozusagen von oben, von höchster Stelle gestrichen wurden, falls dies die Ursache meiner Krankheit sein sollte. Dazu singe ich den Namen des All-Gnädigen und All-Erbarmers: »El – oha«.

Die Sieben

Der siebenzackige Stern ist wegen der herausragenden Bedeutung der Sieben ein beliebtes Symbol für Amulette und religiöse Riten. Wir finden ihn zum Beispiel als Weihnachtsstern am Christbaum und als Marburger Pilgerstern ist er das Symbol der Elisabeth von Thüringen. Der Name »Elisabeth« deutet ebenfalls auf die Sieben, denn im Hebräischen heißt »El« Gott oder der Mächtige und »Sheba« steht für »sieben«.

Die Sieben in der Mystik der Kabbala

Der siebte Zweig des Lebensbaumes heißt »Nezah«, was Triumph und Sieg bedeutet, aber auch Ewigkeit und die große Liebe des jüdischen Volkes zur Gerechtigkeit.

Der siebte Gottesname ist »Adonai Sabaoth«, das heißt: der »Herr der Heerscharen«. Es ist der Name der Liebe in all ihren Schattierungen und Phasen, Liebe in Form von Harmonie, Fruchtbarkeit und Wachstum. Liebe als Mutterliebe, als Liebe zu den Tieren, als Verliebtheit und letztlich als ekstatische Liebe zwischen Mann und Frau oder zwischen Mensch und Adonai. Das Glück dieser größten Liebe ist Adonai Sabaoth.

Die herausragende Stellung der Sieben im Judentum finden wir in den sieben Tagen der Schöpfungsgeschichte. Am siebten Tag sah Adonai, dass es gut war und schuf so die Ruhe und die Zufriedenheit. Die Menora, der siebenarmige Leuchter, ist von großer Bedeutung für das gesamte Judentum. Bei den Sabbat-Feiern werden nur sechs Kerzen angezündet, die siebte Kerze ist reserviert und wird erst entflammt, wenn der Messias gekommen sein wird.

Gedankenspiele und Assoziationen

Weil sieben die Summe von drei, der Dreifaltigkeit, und vier, der kosmischen Ordnung, ist, spielte die Sieben in der christlichen Zahlensymbolik eine besondere Rolle. Die Kirchenlehrer deuteten die Zahl sozusagen als Partnerschaft zwischen Gott und Mensch. So wurden viele Lehren mit der Sieben in Verbindung gebracht, etwa die sieben Gleichnisse vom Himmelreich, von denen im Matthäusevangelium erzählt wird. Sie sind in der Essenz einander so ähnlich, dass das Gleichnis vom Acker als Beispiel genügen wird: Das Himmelreich ist wie ein Schatz, den ein Arbeiter dereinst in einem Acker gefunden hatte. Daraufhin verkaufte er alles, was er besaß, und kaufte dafür den Acker.

In der Offenbarung des Johannes kommt ein Buch mit sieben Siegeln vor und sieben Posaunen erschallen, wenn die sieben Engel, die sieben Plagen und das siebenköpfige Tier auftauchen. Die sieben Todsünden haben wir bereits im Abschnitt »Was macht den ›Geist einer Zahl‹ aus?« im Zusammenhang mit den Enneagramm-Typen kennengelernt. Die katholische Kirche vergibt sieben Sakramente, nämlich Taufe, Eucharistie, Firmung, Beichte, Ehe, Krankensalbung und Priesterweihe.

Dazu kommen die sieben Schmerzen und die sieben Freuden Marias. Schmerzhaft ist ihr Leben: wenn Jesus beschnitten wird, wenn Maria, Josef und Jesus nach Ägypten fliehen müssen, wenn Maria den 12-jährigen Jesus im Tempel verliert, wenn Jesus seine Mutter mit den Worten »Weib, wer bist du?« wegschickt, wenn Jesus hingerichtet wird, wenn er tot in Marias Armen liegt und wenn er ins Grab gelegt wird. Voller Freude ist Marias Leben: wenn der Erzengel Gabriel erscheint, wenn sie zusammen mit ihrer Base Elisabeth die Schwangerschaft genießt, wenn Jesus geboren ist, wenn die Weisen aus dem Morgenland kommen, um Geschenke zu überreichen, wenn sie den 12-jährigen Jesus im Tempel wie-

derfindet, wenn sie bemerkt, dass Jesus gar nicht tot ist, und schließlich, wenn sie in den Himmel findet.
Die Sieben Freien Künste in der Antike und im Mittelalter waren: die drei Künste der Sprache, nämlich Grammatik, Rhetorik und Dialektik, und die vier »höheren« Künste, nämlich Arithmetik (die Kunst, mit Zahlen zu operieren), Geometrie, Musik und Astrologie. Die Arithmetik ist heute ein Teilgebiet der Mathematik. In der Antike verstand man darunter die vier Grundrechenarten und die dazugehörigen Rechengesetze und Zahlentheorien. Von Carl Friedrich Gauß (1777 – 1855), einem Universalgenie seiner Zeit, stammt der Satz: »Die Mathematik ist die Königin der Wissenschaften, aber die Arithmetik ist die Königin der Mathematik.«
Auch Muslime verehren die Sieben. So kennen sie zum Beispiel den siebten Himmel aus den Erzählungen des Propheten Mohammed, den dieser in seiner letzten Verzückungserfahrung erlebt hat. Im siebten Himmel begegnete dem Propheten der Urvater Abraham in seiner verklärten Gestalt als der gemeinsame liebende Vater von Muslimen, Christen und Juden. Wenn Muslime ihre Pilgerreise nach Mekka vor der heiligen Kaaba vollendet haben, dann umrunden sie diese sieben Mal.
Die Zahl Sieben taucht in der Mystik und in Religionen so häufig auf, dass hier nur ein paar weitere Beispiele genügen sollen, damit wir uns mit der Sieben anfreunden können: die sieben Hauptchakren als Energiezentren des Menschen, die sieben fet-

ten und die sieben mageren Jahre in Ägypten, die sieben Säulen der Weisheit und Jakob, der Enkelsohn von Abraham und Urvater der zwölf Stämme der Israeliten, der sieben Jahre um seine geliebte Rachel wirbt.
Ganz profan haben wir auch sieben Öffnungen in unserem Kopf, mit denen wir unsere wichtigsten Sinneswahrnehmungen machen: sehen, hören, riechen und schmecken.
Und schließlich kennen wir noch die Einteilung der Wachstumsphasen in jeweils Sieben-Jahres-Schritte.

Die Sieben im Enneagramm

Der Sieben ordnen wir als unerlöste Eigenschaft den Hochmut, den Stolz, die Überheblichkeit zu. Das Kellerkind trägt den Namen »der Großkotz«. Wenn wir einen überheblichen, großsprecherischen Typen tanzen oder spielen, dann bauen wir uns hoheitsvoll und erhaben vor unserem Publikum auf. Wir plustern uns auf, geben uns majestätisch und tun so, als wären wir sehr bedeutend. Als wären wir ein König oder eine Königin, denen es zusteht, dass der Rest der Bevölkerung ihnen zu dienen hat. Unsere Sprache ist salbungsvoll und kein anderer darf zu Wort kommen, dank der grandiosen Weisheiten, die wir zum Besten geben. Wir grüßen nicht, sondern wir erweisen Reverenzen an Gleichgestellte und nehmen Ehrerbietung entgegen. Unsere Mundwinkel sind gelegentlich voller Verachtung nach unten gezogen. Jede Geste, jedes Wort ist Effekthascherei.

Wenn Stolz in eine gesunde Kraft in uns umgewandelt ist, dann wird Edelmut daraus, der Adel des Herzens, der keinen Schein nötig hat. Das innere Königtum strahlt Würde und Anmut aus, egal ob wir in Fetzen daherkommen oder in samtenen Roben. Wir sind dann in der echten Menschenwürde angekommen und achten die anderen als ebensolche. Wir überlegen uns, welche Ziele wir verfolgen und wie wir sie angemessen präsentieren können.

Kreative Übung mit der Sieben

Wenn eine Sieben als Heilzahl auftaucht, können wir eine Kerze anzünden und uns vorstellen, diese Kerze wäre die siebte Kerze in einem siebenarmigen Leuchter und dass in diesem Moment die große Heilkraft eines fiktiven »Messias« zu uns kommt und uns unterstützt. Wir können uns auch der Vorstellung hingeben, dass wir soeben im »siebten Himmel« aufgewacht wären. Was wäre dann?

Die Acht

Symbole für die Acht sind das achtspeichige Rad und das Achteck, Oktogon genannt. Im Buddhismus heißt das achtspeichige Rad »Dharmachakra«, das »Rad der universellen Ordnung«. Es ist ein Symbol für den Achtfachen Pfad, den der Buddha gelehrt hat. Im Schamanismus werden die acht Winde der Himmelsrichtungen bei Zeremonien gerufen und in der Wicca-Bewegung der neuen Hexen werden die acht Jahreszeitenfeste gefeiert.
Das Oktogon spielt in der Architektur bei vielen Sakralbauten eine bedeutende Rolle. Das bekannteste Beispiel dafür ist der Felsendom in Jerusalem.
Die acht Trigramme im chinesischen I Ging, dem Weisheitsorakel, sind im Bagua, einem Achteck, angeordnet.

Die Acht in der Mystik der Kabbala

Der achte Zweig des Weltenbaumes in der Kabbala heißt »Hod«. Das bedeutet Glanz, Majestät und Wissen. Zu den vier Elementen und vier Richtungen auf der materiellen Ebene kommen die vier Grundeigenschaften der geistigen Ebene, nämlich Gefühl, Vernunft, Wollen und unterscheidendes Bewusstsein.
Der achte Name Gottes lautet »Elohim Sabaoth«, der Gelobte. Wie Donner ertönt sein Name über dem gesegneten Land, nachdem zuvor der Messias mit der Sieben erschienen ist. »Messias« heißt in der weiblichen Form »Schechina«. Messias und Schechina sind Menschen, die Gott wirklich erkannt haben und aus dieser Erkenntnis heraus die ersehnte Gerechtigkeit endlich herstellen. Bei einem Messias oder einer Schechina handelt es sich jedoch nicht um außergewöhnliche Einzelpersonen, sondern um das Idealbild einer Entwicklung, die jeder Mensch erreichen kann. Mit der Acht wird die Entwicklungsstufe anvisiert, die einmal kollektiv von der Menschheit erreicht worden sein wird.

Gedankenspiele und Assoziationen

Die Acht ist in der Mathematik die erste Kubikzahl. Eine Kubikzahl entsteht, wenn man eine Zahl zwei Mal mit sich selbst multipliziert: 2 x 2 = 4 x 2 = 8.

So weist die Acht auf das enorme Potenzial hin, das durch die Potenzierung entsteht. Die Potenzierung einer Zahl ist wie ein mystischer Hinweis auf etwas, was auch mit uns geschehen kann. In der Kabbala entsteht so im achten Zweig des Lebensbaumes eine von Weisheit geprägte Menschheit, die eine neue, ethische Ordnung schafft.

Die Acht zeigt sich auch in der Lemniskate, der liegenden Acht, einem weiteren Symbolzeichen. Die liegende Acht ist das Zeichen für die Unendlichkeit und es wird dem Zeichen große Heilkraft nachgesagt. Das wiederholte Zeichnen einer liegenden Acht stärkt die Konzentration, den Gleichgewichtssinn und die Fähigkeit zur Koordinierung. Die Überkreuz-Bewegung fördert das Zusammenwirken der beiden Gehirnhälften und hilft so, Stress abzubauen. Manche Lehrkräfte setzen Übungen mit der liegenden Acht sehr erfolgreich für das Wohlergehen ihrer Schüler ein.

Im Christentum steht die Acht für die Auferstehung, für den Neubeginn und damit für die Taufe. Taufbecken sind meist achteckig.

Der Edle Achtfache Pfad in der Lehre des Buddha ist die vierte der Edlen Wahrheiten. Auch hier haben wir es mit einer Potenzierung zu tun. Die Erleuchtung des Buddha war die eigentlich Worten unzugängliche Erkenntnis im Morgengrauen unter dem Bodhi-Baum: »Ich und das ganze Universum sind ja Eins.« Damit diese zutiefst heilsame Erfahrung vom

»Großen Einen« auch von anderen Menschen gemacht werden kann, hat der Buddha zwei Werkzeuge angeboten, nämlich das Werkzeug »Methode« und das Werkzeug »Weisheit«. Methode heißt nichts anderes als praktische Anwendung von Übungen. Mit Weisheit ist eine sehr tiefe Weisheit gemeint. Nämlich das Wissen und die Erfahrung, dass es eine konventionelle Wirklichkeit und eine letztliche Wirklichkeit gibt, die immer Eins sind. Die beiden Werkzeuge sind wie die zwei Beine, mit denen wir auf dem Pfad des Erwachens unterwegs sind. Damit wir uns überhaupt auf den Weg machen, damit wir eine Motivation erhalten, uns zu bewegen, hat der Buddha von den Vier Wahrheiten gesprochen. Es ist nun einmal wahr, dass es Leiden auf der Welt gibt, dass das Leiden eine Ursache hat und dass die Leiden dennoch heilbar sind. Die vierte Wahrheit ist zugleich die Medizin zur Heilung von den Leiden, nämlich der Achtfache Pfad.

Der Achtfache Pfad selbst besteht aus
1. der Erkenntnis, dass die Vier Wahrheiten wahr sind
2. dem Beschluss und der Absicht, die »Medizin der Wahrheiten« anzuwenden
3. der Achtsamkeit im Handeln
4. der Achtsamkeit in der Sprache
5. der Achtsamkeit bei der Ausübung des Berufs und schließlich noch aus drei vertieften Achtsamkeits-Übungen in Bezug auf

6. die Motivation
7. die Konzentration und
8. die Bewusstwerdung.

So ist der Achtfache Pfad des Buddha quasi auch eine »Kubikzahl«. Der Zweier-Schlüssel von Methode und Weisheit ergibt in der Potenzierung die Vier Wahrheiten und die vierte Wahrheit ergibt in der Potenzierung den Achtfachen Pfad. Die Acht ist damit die Essenz der Lehre des Buddha.

Zudem bezeichnen die Acht Weltgesetze im Buddhismus Lebensumstände, die geeignet sind, den Menschen aus seiner Mitte zu werfen, ihm die Ruhe des Geistes zu rauben. Die vier polaren Paare dieser Gesetze sind:
✦ Gewinn und Verlust
✦ Ehre und Verachtung
✦ Lob und Tadel
✦ Freude und Leid

Buddhisten üben sich darin, inmitten dieser Umstände des Lebens Gleichmut zu bewahren.

Die Acht im Enneagramm

Der Acht ordnen wir im Enneagramm als unerlöste Eigenschaft die Trägheit zu. Wenn wir die Trägheit im Theaterspiel darstellen oder tanzen, dann werden wir ziemlich langsam. Wir fallen auf die Couch und kommen nicht mehr hoch. Wozu sollten wir auch aufstehen, das Leben ist an und für sich schon anstrengend genug. Damit wir nichts falsch machen, tun wir lieber gleich gar nichts. Unseren Körper bewegen? Viel zu anstrengend! Da hängen wir doch lieber vor dem Fernseher oder vor dem Computer ab. Wir nannten die Trägheit bei unserer spielerischen Darstellung »Tranfunzel« und hatten damit ein passendes Schimpfwort und zugleich einen Typus für die Schauspielerei gefunden. Das Suchtverhalten der Tranfunzel ist die Mediensucht. Lieber gemütlich zuschauen, wie andere Menschen in den Medien ein interessantes, dramatisches, witziges oder tragisches Leben führen, als das eigene Leben zu gestalten.

In der erlösten Form ist die Trägheit zur Muße geworden, zur wohlverdienten Erholung nach einer Phase der Arbeit und der Anspannung. In der Muße finden wir Zeit, um zu meditieren, um uns der Schönheit der Welt hinzugeben, ohne etwas tun zu müssen. Die Trägheit oder Faulheit des Menschen hat in der Evolution dazu geführt, dass wir viele Arbeiten nicht mehr selbst tun müssen, sondern sie von Maschinen oder Computern erledigen lassen. In gewisser Weise war die Trägheit der Motor des technischen Fortschritts. Wenn uns diese Errungenschaften dann auch zu wirklicher Muße verhelfen, zum glücklichen Verweilen im Nicht-Tun, weil wir alles bereits getan haben, dann sind wir in einem erlösten Zustand angekommen.

Kreative Übung mit der Acht

Wenn wir die Acht als Heilzahl nutzen möchten, dann malen wir ein Mandala mit acht Speichen. Oder wir malen zuerst eine liegende Acht und wissen dabei, dass die liegende Acht das Zeichen für Unendlichkeit ist. Dann malen wir eine stehende Acht über die liegende Acht und erinnern uns daran, dass die stehende Acht ein Zeichen für die Ewigkeit ist. Während wir malen, erinnern wir uns daran, dass das, was wir Ewigkeit nennen, eigentlich genau jetzt ist. Und dass wir jetzt gerade acht-sam sind in unserem Tun.

Die Neun

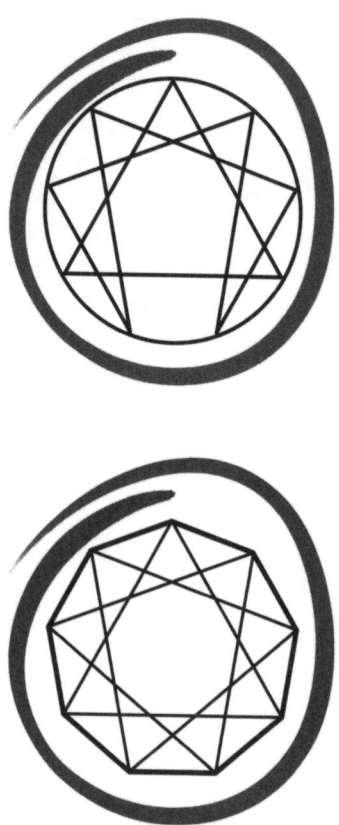

Wir zeigen zwei geometrische Symbole für die Neun. Das Enneagramm ist ein Neunstern, der sich aus einem Dreieck und einem unregelmäßigen Sechseck zusammensetzt. Das Symbol wurde im Jahr 1916

von Georges I. Gurdjieff eingeführt, der es im Kloster einer Sufi-Gemeinschaft entdeckt haben will.
Das zweite Symbol ist ein gleichschenkliger Neunstern. Der Neunstern ist das Symbol der Bahai-Religion. Die Bahai-Religion geht von einem universellen Gottesbegriff aus, von der Einheit aller Religionen auf einer mystischen Ebene. Die Neun gilt den Bahai als Zahl der Vollendung und die neun Zacken des Sterns stehen für die Einheit der Menschheit in ihrer Vielfalt.

Die Neun in der Mystik der Kabbala

Der neunte Zweig des Lebensbaumes heißt »Jesod«. »Jesod« bedeutet das Bündnis, die Basis und das Fundament, das Einverständnis, das der Mensch mit Gott in der neunten Ordnung eingeht. Die Neun steht für die Schicht der astralen Welt, die unserem physischen Körper am nächsten ist. Es ist die Welt, aus der unsere Träume vom Himmelreich kommen, die wir dann auf der Erde verwirklichen möchten.
Der neunte Name Gottes ist »Elhoi«, der lebendige Gott.

Gedankenspiele und Assoziationen

Die Neun ist die höchste und letzte einstellige Zahl im Dezimalsystem. Die Neun verhält sich beim Ermitteln von Quersummen quasi neutral. Dieses neutrale Verhalten zeigt ansonsten nur die Null. Wenn Sie aus einer beliebigen Zahlenreihe die Quersumme ermitteln, so können Sie die Neun ignorieren – die Quersumme bleibt die gleiche, ob Sie nun mit oder ohne Neun rechnen. Dazu nur ein Beispiel:

$$4919299 = 4+9+1+9+2+9+9 = 43 = 7$$
$$4919299 = 4+1+2 = 7$$

Probieren Sie es aus und machen Sie selbst ein paar Zahlenspielchen mit und ohne Neun.

In vielen Kulturen wird die Neun mit Vollkommenheit in Verbindung gebracht, weil sie drei mal drei enthält und die Drei als besonders heilig gilt.
In der traditionellen chinesischen Zahlenmystik steht die Neun für den Drachen. Der Drache ist ein Regen- und Glücksbringer, Symbol für die kaiserliche Macht. Im chinesischen Horoskop gelten die im Jahr des Drachen Geborenen als von Erfolg, Reichtum und Glück besonders gesegnete Menschen.
Die katholische Kirche kennt die Novene als Form des Gebetes. An neun aufeinanderfolgenden Tagen wird ein spezielles Gebet gesprochen, um damit besondere Gnaden zu erwirken. Die Novene dient der Vorbereitung von Hochfesten wie Pfingsten oder Ostern, wird zu Ehren besonderer Heiliger gepflegt und zur Verabschiedung eines Papstes als Trauer-Novene gebetet.

In der Göttersage der Edda wird uns von Odin berichtet, der in Urzeiten neun Tage und neun Nächte kopfüber in mystischer Verzückung in der Weltenesche Yggdrasil hing. Die Weltenesche Yggdrasil verkörpert den gesamten Kosmos. Odin werden während der neun Tage und Nächte von den drei Nornen, die in den Wurzeln des Baumes wohnen, alle Geheimnisse, alles Wissen, alle Rätsel der Welt enthüllt. Wir Frauen sind neun Monate schwanger, bevor wir ein Kind gebären. Wir Menschen, ob Frau oder Mann, haben neun unsichtbare, geistige Körper, aber nur den einen sichtbaren, materiellen Körper. (Siehe dazu auch »Die vier Ebenen des Bewusstseins« im Kapitel »Zahlen-Heilen ist geistiges Heilen«.)

Die Neun im Enneagramm

Der Neun ordnen wir als unerlöste Eigenschaft den Zorn zu. Wenn wir den zornigen Typen spielen oder tanzen, dann wird unsere Körperhaltung angespannt, aufrecht und voller Aggressivität. Die Fäuste sind geballt, als wollten wir im nächsten Moment zuschlagen. Unsere Bewegungen sind ruckartig, zackig, wie im Kampf mit einem Gegner. Wir beißen die Zähne zusammen und preschen drauflos. Der draufgängerische Krieger ist der Archetyp dieser Eigenschaft.

Wenn der Zorn in eine gesunde Kraft verwandelt ist, dann wird Tatkraft, zielgerichtetes Engagement und

Begeisterung für eine Sache daraus. Wir überlegen uns, welches Projekt wir in die Wirklichkeit bringen wollen, und tun es auch. Zügig und kontrolliert. Jesus ist der Prototyp der erlösten Neun, wenn er im Tempel die Tische der Händler umwirft und im »heiligen Zorn« ausruft: »Ihr habt eine Räuberhöhle aus dem Haus meines Vaters gemacht.«

Kreative Übung mit der Neun

Mit der Neun können wir gut im Zusammenwirken mit Rhythmus arbeiten. Wir klopfen im Neuner-Rhythmus auf unser Brustbein, etwa vier Finger unterhalb der Halskuhle. Dort befindet sich die Thymusdrüse, die den Energiestrom im gesamten Energiehaushalt unseres Körpers überwacht und reguliert. Während wir klopfen, zählen wir dreimal bis drei. Dann machen wir eine Pause, in der wir erneut dreimal bis drei zählen. Dieses »Neuner-Klopfen« wiederholen wir ein paar Minuten lang. Dabei erfahren wir, wie die Stimulierung der Thymusdrüse unsere Lebensgeister weckt. Wenn wir Kenntnis über die Akupressurpunkte haben, können wir das rhythmische »Neuner-Klopfen« auch an diesen Punkten anwenden.

Die Zehn

Das regelmäßige Zehneck, das Dekagon, ist das geometrische Symbol für die Zehn.

Die Zehn in der Mystik der Kabbala

Die Vollendung ist mit dem zehnten und letzten Zweig des Lebensbaumes erreicht. Die Zahl für die Zehn heißt »Malchut« und bedeutet sowohl Königreich, Tempel Gottes als auch königliche Würde eines jeden Einzelnen. Ist nicht unser menschlicher Körper der eigentliche Tempel Gottes? Im aramäischen Vaterunser heißt es: »dilachie malkutha«. Dies wurde im Christentum übersetzt und gelehrt mit »Denn dein ist das Reich ...«, so als wäre Gott ein Außerirdischer, der von weit her kommen wird, um sein Reich hier auf Erden zu gründen. Das ist ein Missverständnis. Es ist eher so, dass Jesus sich direkt an seine Zuhörer wandte und ganz wörtlich meinte: »Es ist DEIN Reich, das du selbst mit deinem Geist errichtest, mit der Nahrung, die du deinem Geist zuführst. Und es ist UNSER Königreich, das wir in unserem Geist gemeinsam nähren.« Denn »lach«, das aramäische Wort für »Nahrung«, bedeutet sowohl Brot für den Körper als auch geistige Nahrung.

Der zehnte Gottesname ist »Adonai Melech«, was so viel bedeutet wie »der Eine König«. Denn Adonai ist »Eins« und Melech ist »Alles«. Insbesondere auch wir selbst, wir kleinen Menschen, sind die Königinnen und Könige des Einen Reichs. Obwohl oder gerade weil der zehnte Name Gottes uns Kleinen etwas so Großes sagt, spricht Adonai Melech auch von der tiefsten Demut in Bezug zur Eins, dem Ehieh, dem Immer-Dagewesenen und dem Allmächtigen, ebenso wie in Bezug zum En Soph, der Null, dem Unfassbaren und Unvorstellbaren.

Gedankenspiele und Assoziationen

Die Zehn ist die Grundlage des Dezimalsystems, mit dem wir es hier zu tun haben. Unsere zehn Finger und zehn Zehen waren in Urzeiten die Basis des Zählens und damit auch die Grundlage des Dezimalsystems.

Eine »Schar von zehn«, eine Dekade, war im alten Ägypten eine Kalenderwoche, bestehend aus zehn Tagen. Heute nennen wir das Jahrzehnt eine Dekade. Im Mittelalter war die traditionelle Steuer der Zehnt, was uns heute wenig erscheint, aber damals für den, der ihn entrichten musste, eine schwere Bürde bedeutete.

In jüngster Vergangenheit gab es mehrere politische 10-Jahres-Initiativen der Vereinten Nationen:
- Die Dekade zur Reduzierung von Naturkatastrophen (1991-2000)
- Die Dekade für eine Kultur der Gewaltfreiheit und des Friedens für die Kinder der Welt (2001-2010)
- Die Dekade zur Überwindung von Gewalt (2001-2010)

Im Christentum und im Judentum sind die Zehn Gebote von großer Bedeutung für die Schulung der Ethik. Man kann diese Schulung in drei Etappen betrachten. Die erste Stufe ist das Erlernen ethischer Regeln durch Verbot und entsprechende Bestrafung bei Übertretungen. Die zweite Stufe ist die eigenständige Unterscheidung der angemessenen Anwendung der Regeln. So wird man etwa das Gebot »Du sollst nicht töten« brechen, wenn eine giftige Schlange ein kleines Kind bedroht. Die dritte Stufe ist schließlich erreicht, wenn wir Ethik so sehr verinnerlicht haben, dass wir keiner Gesetze mehr bedürfen, weil wir gar nicht mehr auf die Idee kommen, zu stehlen oder zu betrügen oder zu töten. Wenn wir diese Stufe der Ethik erreicht haben, könnten wir sogar töten, wenn es unbedingt nötig ist. Aber wir würden zum Beispiel niemals in Erwägung ziehen, Tiere töten zu lassen, nur um sie zu essen, wenn wir doch von Pflanzennahrung auch satt werden.

Die Zehn vollendet das Dezimalsystem, obwohl es nach der Zehn natürlich mit den Zahlen und den Besonderheiten von Zahlen immer noch weitergeht bis ins Unendliche hinein. Doch mit der Zehn beginnt im Dezimalsystem zum ersten Mal eine neue Stufe. In der Zehn verbindet sich die Eins mit der Null auf eine neue Art. Die Null hat sich nun hinter die Eins gestellt und damit ist ein systemischer Weg aufgezeigt. Die Kabbala endet hier. Das Ziel ist erreicht, obwohl der Weg unendlich weitergeht.

Die Zehn ist das Symbol für den einzelnen Menschen, der nun beginnt, sein Potenzial zu entfalten. Und sie ist zugleich ein Symbol für die Menschheit, die sich als Ganzes und als Teil eines universellen Bewusstseins erkennt. Wenn wir davon ausgehen, dass es uns als Menschheit gelingt, die nicht unbeträchtlichen Probleme zu lösen, die etwa in den politischen Dekaden der Vereinten Nationen ausgerufen wurden, dann haben wir ein wahrhaft großes Erbe vor uns. Als Menschheit stecken wir irgendwie gerade in den Flegeljahren, haben, salopp gesagt, ziemlich viel Mist gebaut und stehen kurz davor, Selbstmord zu begehen. Andererseits sind wir noch jung und haben den Glauben an uns selbst noch nicht ganz verloren.

Wenn es uns gelingt, nach und nach – auch mithilfe spiritueller Heilmethoden – unsere Kraft zu finden und uns zu befreien von unseren Ängsten und unseren Leiden, dann sieht es gut aus mit unserer Zukunft!

Die Zahlen 11, 12 und 13

Die Elf als erste Zahl der neuen Stufe gilt im Christentum als gefährlich, denn sie wagt es, die Zehn zu übersteigen. Am 11.11. ist jedoch auch St. Martinstag, der mit Lichterprozessionen gefeiert wird. Am Martinstag wurden früher auf dem Land die Mägde und Knechte ausbezahlt. Auf dem Hof wurde ein Fest gefeiert und die Martinsgans geschlachtet und gemeinsam verspeist. Im Islam gilt der Ruf zum Gebet »Allahu Akhbar« (»Gott ist groß«) als Ausdruck der Zahl 11, da beide Worte mit A beginnen und A der erste Buchstabe im Alphabet ist. Sufis rezitieren die heiligen Namen Allahs in Elfer-Schritten, also 11-mal, 33-mal oder 110-mal. Die Elf ist die erste »Schnapszahl« (das ist eine aus mehreren gleichen Ziffern bestehende Zahl), und wir fiebern mit unserer National-Elf beim Elf-Meter-Schießen.

Die Zwölf ist ein Symbol der Vollkommenheit, Vollständigkeit und Einheit. Unsere Tage und Nächte sind in jeweils zwölf Stunden eingeteilt, unser Jahr in zwölf Monate. Wir bestimmen unsere Horoskope mit zwölf Tierkreiszeichen. Und auch die Flagge Europas zeigt uns zwölf Sterne als Zeichen der Einheit der europäischen Mitgliedstaaten.
Jesus hatte zwölf Apostel als engste Freunde und die himmlische Stadt Jerusalem hat in der Vision des Johannes zwölf Tore, auf denen zwölf Engel erschei-

nen. Das Weihnachtsfest dauert insgesamt zwölf Tage und Nächte, die sogenannten Raunächte.

Im Judentum war das Staatswesen auf den zwölf Stämmen der zwölf Söhne aufgebaut, die der Urvater Jakob mit den vier Urmüttern Lea, Rachel, Bilha und Silpa zeugte. Das 13. Kind war dann endlich ein Mädchen – Dina!

Während ich an diesem Buch schreibe, wurde nur wenige Kilometer von meinem Haus entfernt ein riesiger Kornkreis mit zwölf Strahlen in einem Getreidefeld entdeckt. Ich habe mich sehr darüber gefreut!

Die Dreizehn gilt in manchen Kulturen als Unglückszahl, während sie für andere eine besondere Glückszahl ist. Jesus ist der 13. im Kreis der Jünger. Nach dem altrömischen Zwölfersystem ist die 13 die erste Zahl, die das alte System übersteigt.

Die Maya hatten die Vorstellung von 13 Himmeln und verwendeten – ebenso wie die Azteken – einen 13-Tage-Zyklus als Zeiteinheit. Das Sonnenjahr der Maya ist eingeteilt in 13 Monde zu je 28 Tagen und einen zusätzlichen »freien« Tag. Die Qualität des einzelnen Tages wird durch ein System aus 13 kosmischen Tönen und 20 Sonnensiegeln errechnet.

Im Märchen *Dornröschen* der Gebrüder Grimm werden aus ursprünglich 13 guten und weisen Feen bei der Geburtstagsfeier der Königstochter zwölf gute Feen und eine böse, die das Kind verflucht. Der König hatte die 13. Fee ausgegrenzt und nicht eingeladen, weil es nur zwölf goldene Teller gab. Er hätte

sich selbst, seinem Kind und den zahlreichen Königssöhnen, die in der Dornenhecke ein jämmerliches Ende fanden, viel Leid ersparen können, wäre es ihm gelungen, »über den Tellerrand hinauszuschauen« und einfach einen 13. Teller bei seinem Goldschmied in Auftrag zu geben. Als die Zeit nach 100 Jahren reif ist, verliert der Fluch jedoch seine Wirkung und Dornröschen erwacht durch den Kuss des Königssohnes, der zufällig des Weges kommt.
Die 13 war die allererste Zahl, die beim Lotto »6 aus 49« einst als »Glückszahl« gezogen wurde, ist seitdem aber die Zahl, die mit Abstand am seltensten gezogen wird.

Die Anwendung in der Praxis

Es ist nicht genug zu wissen,
man muss es auch anwenden.
Es ist nicht genug zu wollen,
man muss es auch tun!
             Johann Wolfgang von Goethe

Damit Zahlen wie Medizin wirken können, müssen wir gut verstehen, wie Heilen mit dem Geist funktioniert.

Im ersten Schritt haben wir verstanden, dass unser kleiner menschlicher Mikrokosmos eine Spiegelung des Makrokosmos ist. »Wie oben, so unten. Wie innen, so außen. Wie im Kleinen, so im Großen.« – So lautet das wichtigste der sieben Kosmischen Gesetze auf der Smaragdtafel des Hermes Trismegistos. Diese Gesetze – auch die sieben Prinzipien des Universums genannt – sind für uns von großer Bedeutung, wenn wir geistiges Heilen praktizieren. Wir erlangen Gewissheit darüber, dass wir im Sinne des »Großen Geistes« handeln, wenn wir darauf abzielen, gesund zu werden und es auch zu bleiben. Wenn wir klares Wissen über die Grundlagen des geistigen Heilens erlangt haben, werden wir allmählich auch frei von Zweifeln, dass etwas auf den ersten Blick so absurd

Erscheinendes wie »Mit Zahlen heilen« tatsächlich funktionieren kann.

In der Geschichte der Menschheit gibt es Beispiele von Wunderheilern, denen es gelungen ist, teils sehr spektakuläre Heilungen zu demonstrieren. Ich halte es für sehr wahrscheinlich, dass nun eine Zeit angebrochen ist, in der die Kunst des geistigen Heilens allmählich zu einer Massenbewegung wird. Eine Massenbewegung, die auf rational nachvollziehbaren Kriterien UND der Kraft der Hingabe und des Glaubens, also des intuitiven Wissens, beruht. Das ist dann die Vollendung der Epoche der Aufklärung. Ob wir die Kunst des geistigen Heilens mit Gebeten, also mittels der Kombination von Buchstaben, oder lieber mit Zahlenkombinationen erlernen wollen, spielt im Grunde keine Rolle. Zahlen haben gegenüber Worten den Vorteil, dass sie sehr reine Konzepte sind und zu weniger Missverständnissen führen. Worte sind auch weit mehr von Assoziationen wie »angenehm« oder »unangenehm«, »richtig« oder »falsch« begleitet. Wie bei der Gebetsheilung oder in der Homöopathie wenden wir noch ein weiteres Gesetz der Smaragdtafel an: Alles ist mit allem über die geistigen Ebenen miteinander verbunden. Der gesamte Kosmos ist ein einziger großer Organismus. Durch die konzentrierte Ein-Wirkung unseres »kleinen« Geistes auf diese Ebenen werden heilsame Aus-Wirkungen hervorgerufen. Gleiches wird mit Gleichem geheilt. Alle Krankheiten, auch die rein körperlichen, sind das Resultat von letztlich geistigen Prozessen und können durch bewusste, geistige Prozesse gelindert oder geheilt werden.

Im zweiten Schritt haben wir die verschiedenen Ebenen des Geistes unseres eigenen menschlichen Mikrokosmos in vier Kategorien eingeteilt: der sichtbare physische Körper, der Astralkörper, der Mentalkörper und der spirituelle Körper. Wir wissen, dass die drei unsichtbaren Körper (Astral-, Mental- und spiritueller Körper) in jeweils drei Unterkategorien eingeteilt werden können. Wir können daraufhin an unseren zehn Fingern abzählen, dass wir damit insgesamt aus neun unsichtbaren, geistigen Körpern zusammengesetzt sind, die sich in dem einen sichtbaren Körper ausdrücken. Wir können uns dadurch vorstellen, dass die unsichtbaren geistigen Ebenen und Zusammenhänge insgesamt eine sehr große Kraft darstellen. Immerhin beträgt das Verhältnis 1:9.

Im dritten Schritt haben wir die einzelnen Zahlen betrachtet und ein Grundwissen davon angesammelt, dass Zahlen logische Konzepte und Ideale unserer Wirklichkeit darstellen.

Im vierten Schritt gehen wir zur praktischen Anwendung.

Wir ermitteln eine passende Heilzahl

Es gibt allgemeingültige Heilzahlen und individuell gültige Heilzahlen.

Allgemeingültige Heilzahlen

Grigori Grabovoi präsentiert in seinem Buch *Wiederherstellung des menschlichen Organismus durch Konzentration auf Zahlen* über 1000 meist 7-stellige Zahlenkombinationen für über 1000 Diagnosen. Er hat auch eine allgemeingültige Zahl angegeben, die bei unbekannten Krankheiten bzw. allgemein bei allen Krankheiten hilft. Sie lautet 1884321.

In Petra Neumayers Buch *Heilen mit Zahlen* finden Sie zusätzlich eine Auswahl von Heilzahlen der Sufis oder von Heilzahlen nach Dr. Jayant Balaji Athavale. Auch die allgemein heilsame Wirkung der Fibonacci-Sequenz wird in einem Gastbeitrag von Tom Rietdorf in Petra Neumayers Buch gut erklärt. Die Fibonacci-Sequenz beschreibt eine unendliche Folge von Zahlen, bei der sich die jeweils folgende Zahl durch Addition ihrer beiden vorherigen Zahlen ergibt. Die Fibonacci-Reihe lautet:

0 – 1 – 1 – 2 – 3 – 5 – 8 – 13 – 21 – 34 – 55 – 89 – 144 …

Eine weitere allgemeingültige Heilzahl »für alles« ist die von Dr. Zhi Gang Sha überlieferte Heilungszahl 3396815.

Wenn Sie mit einer der allgemeingültigen Heilzahlen praktizieren möchten, wählen Sie bitte in der Fachliteratur die zu Ihrem Anliegen passende Zahl aus.

Individuell gültige Heilzahlen

Wenn Sie Ihre individuelle Heilzahl ermitteln möchten, verwenden Sie die Übertragung von Buchstaben und Worten in Zahlenkombinationen. So können Sie Ihre individuellen Persönlichkeitszahlen ermitteln. Gehen Sie dabei wie folgt vor.

Stellen Sie die W-Fragen:

- **Wer** bin ich? – Vollständiger Name mit allen im Geburtsregister eingetragenen Vornamen
- **Wann** bin ich hier angekommen? – Geburtsdatum mit vierstelliger Jahreszahl
- **Wo** bin ich? – Adresse mit Postleitzahl, Ort, Straße, Hausnummer und Etagenzahl
- **Warum?** – Formulierung des Anliegens als Zahlencode

Der Frage nach dem »**Wie genau?**« widmen wir einen eigenen Abschnitt.

Verwenden Sie das folgende Raster:

1	2	3	4	5	6	7	8	9
A	B	C	D	E	F	G	H	I
J	K	L	M	N	O	P	Q	R
S	T	U	V	W	X	Y	Z	

Umlaute wie Ä oder Ü werden zu AE oder UE, das scharfe ß wird zu Doppel-S. Aus den Zahlenwerten ermitteln Sie dann jeweils die Quersumme.
Und jetzt probieren wir das Ganze mithilfe eines fiktiven Beispiels einmal aus.

MANDY MEIER

Beispiel

»Wer bin ich?« – Zahlenübertragung des Namens

Lisa	Maria	Kohl
3911	41991	2683

Quersumme:
3+9+1+1 = 14 = 5
4+1+9+9+1 = 24 = 6
2+6+8+3 = 19 = 10 = 1

Ergebnis:
Lisa = 5, Maria = 6, Kohl = 1

Die 3-stellige persönliche Identitätszahl des Namens ist also 561.

Schauen Sie sich die Informationen über die Zahl an. Vertiefen Sie in Ihrem eigenen Geist die Qualität der Information. Beobachten Sie, welche Reaktionen die einzelnen Zahlen in Ihnen auslösen. Was spricht Sie besonders an? Ist es das Symbol des Pentagramms bei der Zahl Fünf, können Sie mit dem Begriff »Quintessenz« besonders viel anfangen oder ist es mehr das Kellerkind als Enneagramm-Typ? Wie ist Ihr Gefühl zu Ihrem Zweitnamen, in diesem Fall Maria? Zu welcher Assoziation mit der Zahl Sechs fühlen Sie sich hingezogen?

Gehen Sie in Beziehung zu den Zahlen. Denken Sie über die Hintergrundinformationen nach. Vertiefen Sie die Qualität, indem Sie eigene Recherchen anstellen. Nehmen Sie Ihre Zahlen persönlich. Identifizieren Sie sich ruhig damit. Beschäftigen Sie sich mit den Zahlen. Wenn Sie den Klang des Kabbala-Namens mögen, dann rezitieren oder singen Sie den Namen. Basteln Sie eine Collage oder malen Sie ein Bild mit den Zahlen Ihres Namens. Hängen Sie das Bild in Ihr Zimmer und lassen Sie das Bild wirken. Sie können die Zahl wie in einer selbst gestalteten Kunsttherapie singen, tanzen und malen. Sie können die Zahl 100-mal in ein spezielles Buch schreiben. Sie können die Zahl mit Merkzetteln in Ihrer ganzen Wohnung verteilen. Sie können sich die Zahl auf den erkrankten Körperteil schreiben und dies täglich wie ein Ritual zelebrieren. Wichtig ist, dass Sie die Zahl verinnerlichen und dass Sie in Kontakt, in Resonanz dazu gehen. Das Wort »Resonanz« kommt vom lateinischen »resonare«, das heißt »widerhallen«. Auch das Wort »Person« hat etwas mit widerhallen zu tun, denn es kommt vom lateinischen »per-sonare« für »durch-tönen«. Vielleicht gelingt es Ihnen, die reinen Ideale Ihrer persönlichen Identitätszahl in sich widerhallen zu lassen und durch sich hindurchtönen zu lassen!

In einem weiteren Schritt können Sie die **Quersumme aus allen Namen** ermitteln. Wenn Sie die Essenz bevorzugen, dann wäre das in unserem Beispiel die Zahl Drei, denn:

Lisa Maria Kohl: 5+6+1 = 12 = Quersumme 3

Betrachten Sie erneut Ihre Reaktion auf die Zahl. Fühlt sich die Drei (bzw. die Zahl, die sich aus Ihren Namen ergibt) als Essenz aller Ihrer Namen für Sie stimmig an? Wenn Sie Widerstände gegen die Zahl in sich spüren, versuchen Sie, diese zu ergründen und aufzulösen. Wenn Sie Ihre persönlichen Identitätszahlen nicht mögen, wird es schwierig, einen Heileffekt damit zu erzielen. Wenn Sie zum Beispiel die Zahl Drei nicht mögen, könnte das ein Hinweis darauf sein, dass in Ihrer Ursprungsfamilie etwas nicht stimmte. Denn die Drei steht für die Kernfamilie Vater, Mutter und Kind. Holen Sie stattdessen das Ideal aus der Zahl für sich heraus. Betrachten Sie die vielen Assoziationen zur Zahl und finden Sie das Positive für Ihr Selbst. Nehmen Sie die Zahl und gehen Sie mit ihr in Resonanz. Wo begegnet Ihnen die Zahl in Ihrem Alltag? Das allein kann in einer sehr tiefen Schicht bereits heilsam für Sie sein.

Beobachten Sie auch Ihr Gefühl. Fühlt es sich besser an, mit den einzelnen Zahlen für die einzelnen Namen in Verbindung zu gehen? Oder ist es stimmiger, Vornamen und Familiennamen in einer einzigen Zahl auszudrücken? Unser Name ist das, womit wir uns am stärksten identifizieren. Manchmal ist die Integration des Zweitnamens (in unserem Beispiel Maria) gerade deshalb wichtig, weil wir ihn bislang bewusst oder unbewusst ignoriert haben. Ich habe mich zum Beispiel zuerst neun Monate lang mit den drei Zahlen für meine drei Namen beschäftigt, ehe ich nun mittlerweile dazu übergehe, die Quersumme aus allen Namen für meine persönlichen Anliegen zu nutzen.

Wenn Sie einen oder mehrere spirituelle Namen erhalten haben, können Sie diese in einer weitergehenden Betrachtung hinzuziehen. Mein vollständiger Name ist zum Beispiel: Monika Maria Herz. Die entsprechenden Zahlen sind 963. Die Quersumme davon ist 9. Einer meiner spirituellen Namen ist Elisa. Der Name kam in einem Traum zu mir. Ich wurde im Traum von Freundinnen aus meinem Frauenkreis auf diesen Namen getauft. Ich habe dann die Freundinnen eingeladen und gebeten, für mich in der »echten Welt« Taufpatinnen zu sein. Wir haben einen sehr schönen, inspirierenden Tag miteinander verbracht. Die Quersumme des Namens Elisa ist 10. Das macht für mich persönlich Sinn.

»Wann bin ich hier angekommen?« – Quersumme des Geburtstages

Beispiel: 04.08.1984
4+8+1+9+8+4 = 34 = Quersumme 7

»Wo bin ich?« – Zahlenübertragung des Wohnortes

Für Ihre persönliche Identitätszahl des Ortes ermitteln Sie mithilfe des Zahlen-Buchstaben-Rasters die Quersumme Ihres derzeitigen Wohnortes inklusive Postleitzahl, Hausnummer und Etage.

Beispiel:
82380 Peissenberg   Quellenweg   12 / 2. Stock
82380 75911552597   8353355557   12 2
                                 = Quersumme 5

Identität in Form eines Zahlencodes

Wir bleiben bei unserem Beispiel und haben nun die Identität unserer fiktiven Lisa Maria Kohl in Form eines Zahlencodes ermittelt. Es ist die Zahl 375.

3   (Wer? – Quersumme von Lisa Maria Kohl)
7   (Wann? – Quersumme des Geburtstages)
5   (Wo? – Quersumme des Wohnortes)

Alternativ lässt sich auch folgende Kombination verwenden: 56175. Dabei steht die 561 für die zwei Vornamen und den Familiennamen. Die 7 steht für den Geburtstag und die 5 für den Wohnort.

»Warum?« – Formulierung des Anliegens in Form eines Zahlencodes

Sie können Ihr Anliegen mit einer der zuvor erwähnten allgemeingültigen Heilzahlen formulieren. Interessanter ist es, wenn Sie eine diagnostizierte Krankheit oder Ihr persönliches Anliegen in Ihrer individuellen Heilzahl formulieren möchten. Der Vorteil dabei ist, dass es sich dann um eine Zahl handelt, die ganz speziell auf Sie und Ihre Identität zugeschnitten ist. Damit ist die Zahl für Sie womöglich besonders wirkungsvoll.

Nehmen wir wieder unsere Beispiel-Lisa. Lisa hat viele Ängste. Angst vor dem Verlust der Existenzsicherung. Angst vor dem Alleinsein, zugleich aber auch Angst vor Menschenmengen. Lisas Anliegen ist die Befreiung von ihrer Angst. Also lautet das Wort für ihr Heilungs-Anliegen: Angst-Freiheit.

Wir benutzen wieder unser Zahlen-Buchstaben-Raster und bilden die Quersumme:

Angst – Freiheit
15712 – 69598592
 7   8

Lisas Heilzahl für die Angst ist 78. Die ganze Heilzahl lautet also in diesem Fall 37578 bzw. 5617578.

375 bzw. 56175 steht für die persönliche Identität (Name, Geburtsdatum, Wohnort). 78 steht für das Anliegen der Befreiung von Ängsten.

Wenn Sie eine ganz persönliche Heilzahl ermitteln, dann vertrauen Sie darauf, dass Sie intuitiv die richtige Heilzahl für Ihr Anliegen herausfinden. Achten Sie bei der Wahl der Worte, die Sie in Zahlen umwandeln, auf die positive Aussage. Angst-Freiheit ist zum Beispiel ein positiver Zustand. Wenn Sie nicht genau wissen, wie Sie Ihr Anliegen formulieren sollen, können Sie beispielsweise die Kombination Leid-Freiheit benutzen. Wenn Sie nicht in irgendeiner Form leiden würden, würden Sie Zahlen-Heilen ja nicht ausprobieren. Zusammengesetzte Wörter wie Angst-Freiheit (78), Schuld-Freiheit (48), Schmerz-Freiheit (28),

Sucht-Freiheit (88) oder Leid-Freiheit (38) wirken auf einer tiefen Ebene lösend. Zur Begründung möchte ich Ihnen ein Beispiel aus dem tibetischen Buddhismus vorstellen:

In tibetischen Klöstern wird die Konzentration durch Visualisierung bestimmter Mandalas geübt. Ein Bestandteil der Vorstellung im Mandala ist das sogenannte Siegesbanner. Das Siegesbanner ist ein Banner, das mit zwei vom Sinn her widersprüchlichen Worten geziert ist. Die Aufhebung des Widerspruchs gilt als Sieg über das größte aller Übel, das Wurzelgift der umfassenden Unwissenheit. Angst und Freiheit schließen einander eigentlich aus. Angst macht uns unfrei. Wenn wir voller Ängste sind, können wir nicht gleichzeitig in Freiheit leben. In der Verbindung »Angst-Freiheit« sind die beiden einander widersprechenden Aussagen jedoch vereint zu einer sinnvollen, wünschenswerten Aussage. Es ist also ein passendes Wort für ein Siegesbanner. Und damit ist es auch ein passendes Wort für unser Anliegen. Zugleich ist die Verwendung eines Siegesbanner-Wortes stets aufgeladen mit der Kraft der Lehre des Buddha, die in Tibet zu einer besonderen Blüte gebracht wurde. Ich habe, als ich mich mit tibetischen Mandala-Übungen beschäftigte, lange nach einem Wort für ein Siegesbanner gesucht, das den Kriterien standhält. Nun, da »Angst-Freiheit« für das Zahlen-Heilen eingesetzt werden kann, erscheint es so selbstverständlich, als ob es immer schon da gewesen wäre. Ich wünsche mir sehr, dass meine lange Suche nicht vergeblich war und dass das Wort für Sie hilfreich ist. Und vor allem: dass Sie es anwenden! Möge das Wort »Angst-Freiheit« und die dazugehörige Zahl 78 hilfreich für Sie und für so viele Menschen wie möglich sein! Damit wir alle von unseren Ängsten befreit werden!

Wie sollen wir üben?

Zahlen stets einzeln oder paarweise verwenden

Zuerst müssen wir wissen, dass wir die Zahlen immer einzeln oder maximal paarweise verwenden, NICHT im Dreier-Paket oder noch höher.
Bleiben wir bei unserem Beispiel: Lisa und ihr Anliegen Angst-Freiheit codiert in der Zahl 37578. Wir konzentrieren uns der Reihe nach auf die einzelnen Zahlen, also

3   7   5   7   8

Wenn ein Zahlenpaar Sie sehr anspricht und Ihnen persönlich etwas sagt, dann verwenden Sie es, z.B. so:

3   75   7   8

Oder:

3   75   78

Machen Sie bei Ihren Konzentrationsübungen keine Dreier-Pakete, also NICHT:

375   78.

Denken Sie die Zahl auch nicht als dreihundertfünfundsiebzig oder gar als siebenunddreißigtausendfünfhundertachtundsiebzig. Sicher spüren Sie selbst, dass das zu viel ist.

Die Wahl einer Konzentrations-Methode

Erinnern Sie sich daran, dass das Ideal der Zahl eine Entsprechung in Ihrem spirituellen Körper hat. Stellen Sie sich vor, wie die Zahl aus dem Namenlosen heraus entspringt, wie sie in den spirituellen Körper eintritt und wie die Zahl von dort aus ihren Weg über den Mentalkörper und den Astralkörper in Ihren physischen Körper findet.

Wenn Sie mit einer einzelnen Zahl arbeiten, lassen Sie diese Zahl aus dem »Großen Geist« heraus in Ihrem eigenen »kleinen Geist« erscheinen. Wenn Sie mit einer Zahlenkombination arbeiten, lassen Sie die Zahlen am besten einzeln und der Reihe nach erscheinen. Wenn Sie ein gutes Gefühl für eine bestimmte zweistellige Zahl haben, zum Beispiel für die 13, dann können Sie diese Zahl auch als »Pärchen« erscheinen lassen.

Grundsätzlich gilt: Vertrauen Sie Ihrer Intuition! So wie Sie die Zahlen in Ihrem Bewusstsein erscheinen lassen, machen Sie es genau richtig! Zahlen-Heilen ist wie eine geistige Medizin, die Sie für eine gewisse Zeit täglich einnehmen. Durch regelmäßiges Praktizieren werden Sie sich mit der Zeit immer sicherer fühlen. Sobald Sie die ersten Heilerfolge erzielt haben, nimmt Ihre Sicherheit weiter zu.

Die Zahlen durchqueren die verschiedenen Ebenen Ihres Bewusstseins. Sie tauchen aus dem Absoluten, quasi aus dem »Nichts« auf. Um diesen Bewusstseinszustand kennenzulernen, gehen Sie für einige Sekunden in die Leere. Das heißt: Entleeren und entspannen Sie Ihren Geist. Nehmen Sie zunächst einen tiefen Atemzug und denken Sie dann beim Ausatmen: »Ich lasse alle belastenden Gedanken und Gefühle los.« Für eine ganz kurze Zeit gelingt Ihnen das auf alle Fälle. Selbst wenn es sich nur um eine Sekunde handelt, ist es gut! Gönnen Sie Ihrem Bewusstsein eine kurze Pause in seiner eigenen Heimat, im entspannten Ur-Bewusstsein, im Nicht-Denken!

Die Grundlage für eine heilsame Veränderung ist also, »den Geist zu leeren«. Im nächsten Schritt erinnern Sie sich intuitiv an das Ideal der Zahl und lassen die Zahl in Ihrer Vorstellung durch Ihren spirituellen Körper und durch Ihren Mentalkörper hindurchgleiten. Wenn Sie durch das Lesen und durch eigenes Nachdenken über die Natur der Zahlen zum Ergebnis gekommen sind, dass am Zahlen-Heilen etwas »dran« ist, dann geschieht die Passage durch diese feinen Ebenen Ihres Geistes ganz von allein. Es ist kein Widerstand mehr vorhanden und der reine »Geist der Zahl« kann ungehindert in die nächste Ebene, in Ihren Astralkörper mit seinen Träumen, Bildern und Emotionen eintreten.

Wenn Sie in der Lage sind, die Konzentration auf die Zahl in Ihrem Emotionalkörper mit einem guten Gefühl zu begleiten, verstärkt sich die Wirkung enorm! Es ist so wunderbar, dass wir uns mit so einfachen Mitteln selbst heilen können! Wenn das kein Grund zur Freude ist! Setzen Sie Ihr schönstes Lächeln auf, während Sie »die Zahlen-Medizin einnehmen«! Lächeln ist eine Gabe, die uns Menschen von Geburt an geschenkt ist. Babys zeigen das sogenannte Engelslächeln. Die Anspannung der Gesichtsmuskeln beim Lächeln erzeugt auf biochemischer Ebene die Ausschüttung von Endorphinen (endogenes Morphin), den körpereigenen Glücksstoffen.

Mit der Passage durch die geistigen Ebenen gelangt die heilsame Information der Zahl schließlich in Ihren grobstofflichen, materiellen Körper und beginnt, dort zu wirken.

Grundübung

- ✦ Nehmen Sie sich für die folgende Übung ein paar Minuten Zeit.
- ✦ Sorgen Sie dafür, dass Sie nicht gestört werden.
- ✦ Benennen Sie Ihr Anliegen.
- ✦ Konzentrieren Sie sich auf die Zahl.
- ✦ Bedanken Sie sich.

Die Vorbereitung

Gute Vorbereitung ist sozusagen die halbe Miete. Wenn Sie bereit sind, es mit Zahlen-Heilen zu versuchen, haben Sie bereits die meisten mentalen Vorurteile und Widerstände hinter sich gelassen. Akzeptieren Sie zuerst die Gegenwart, den »Ist-Zustand« und nehmen Sie wahr, dass Sie jetzt gerade etwas für Ihre eigene gute Zukunft tun. Entwickeln Sie nun ein Bild von sich selbst im gesunden Zustand. Wie sehen Sie aus, wenn Ihr Problem verschwunden ist? Was hören Sie sich selbst über das verschwundene Problem sagen? Was hören Sie Ihre Familie oder Ihre Freunde über Ihr verschwundenes Problem sagen? Wie fühlt es sich an, gesund zu sein? Beginnen Sie damit, ein Heilungs-Tagebuch zu führen. Schreiben Sie auf, wie Sie und Ihre Welt aussehen, wenn die Heilung geglückt ist. Wagen Sie den Blick in eine mögliche Zukunft. Begleiten Sie sich selbst mit Ihrem Tagebuch auf dem Weg dorthin. Beginnen Sie damit, ein Bild von sich selbst als gesundem Menschen zu entwerfen und zu stabilisieren. Glauben Sie an sich!

Körperhaltung und Mimik

Setzen Sie sich entspannt und aufrecht hin. Versuchen Sie es mit einem Lächeln. Auch wenn Sie sich sehr elend fühlen, lächeln Sie sich selbst freundlich und aufmunternd zu!

Formulieren Sie Ihr Anliegen

Benennen Sie ganz eindeutig und in positiver Formulierung Ihr Anliegen. Nehmen wir als Beispiel die Situation, dass ein Magengeschwür bei Ihnen diagnostiziert wurde. Sie haben die stimmige Heilzahl ermittelt und sind bereit, die Zahl als Medizin anzuwenden. Sagen oder denken Sie: »Mein Magen IST vollkommen gesund.«
Wichtig: Formulieren Sie Ihr Anliegen in der Gegenwartsform. Sagen Sie NICHT: »Ich wäre gerne gesund.« Sagen Sie auch NICHT: »Ich werde gesund sein!« Oder gar: »Ich muss gesund werden.« Sagen Sie einfach laut oder im Stillen: »Mein Magen ist vollkommen gesund.«
Wenn Sie zum Beispiel starkes Übergewicht haben und mit der Grabovoi-Heilzahl 4812412 arbeiten, sagen Sie: »Mein Wohlfühl-Gewicht IST erreicht!«

Wenn Sie Probleme in der Familie haben und mit der allgemeinen Heilzahl von Dr. Zhi Gang Sha arbeiten möchten (3396815), formulieren Sie zum Beispiel: »Meine Familie IST in einem harmonischen Zustand!«

Wenn Sie eine persönliche Zahl ermittelt haben, dann wissen Sie – wie in unserem fiktiven Beispiel mit Lisa Maria Kohl –, was mit der Zahl 37578 gemeint ist. In dem Fall waren es Lisas Ängste. Die Formulierung lautet: »Angst-Freiheit!«

Konzentration auf die Zahl

Klären und leeren Sie zuerst Ihren Geist. Nehmen Sie ein paar tiefe Atemzüge. Atmen Sie tief ein und denken Sie beim Ausatmen: »Ich lasse alle belastenden Gedanken gehen.« Denken Sie beim Einatmen: »Mein Geist ist klar und rein.« Nun konzentrieren Sie sich auf die Zahl bzw. auf die Zahlenkombination. Bleiben Sie wenigstens einige Minuten in der Übung. Wählen Sie eine Konzentrationsübung, die Ihnen zusagt.

Seien Sie dabei kreativ! Denken Sie sich eine für Sie ganz speziell passende Methode aus und wenden Sie diese an. Oder probieren Sie eine der Übungen, die in den Abschnitten über die jeweilige Zahl vorgestellt sind. Lächeln Sie während der Anwendung! Lächeln öffnet sozusagen alle Fenster, damit die Zahlen-Medizin hereinkommen kann.

Wichtig ist, dass Sie die Zahl gut verinnerlichen.
Hier ein Beispiel: Nehmen Sie eine Perlenkette, einen Rosenkranz oder eine indische Mala und rezitieren Sie die Heilzahl so viele Male, wie Perlen in der Kette aufgereiht sind. Lassen Sie dabei die Perlen durch Ihre Finger gleiten. Zahlen sind klare, reine, heilsame, also heilige Energien. Verwenden Sie sie wie ein Gebet.
Wiederholen Sie die Übung jeden Tag, sooft es für Sie möglich und stimmig ist. Insgesamt wiederholen Sie die Übung so lange, bis Ihr Problem verschwunden ist. Wenn Sie sich sicher sind, dass Sie zum Beispiel keine Zigaretten mehr brauchen, können Sie aufhören, mit der Zahl 88 für Sucht-Freiheit zu üben. Selbst wenn Sie ein paar Wochen oder Monate üben müssen, bis sich der Erfolg einstellt, hat sich der Aufwand gelohnt. Nebenbei haben Sie gelernt, sich entspannt zu konzentrieren, zu meditieren. Vielleicht möchten Sie nach dem ersten Erfolg ein weiteres Problem angehen.

Bedanken Sie sich

Am Ende der Übung bedanken Sie sich leise innerlich oder laut und zwar so, als wäre die Heilung bereits vollendet. Sagen Sie: »Vielen Dank dafür, dass Heilung passiert ist!« oder: »Danke, dass ich geheilt bin!« Indem Sie die Heilung in Ihrem Dank vorwegnehmen, leisten Sie einen wesentlichen Beitrag dafür, dass sich der innere Raum für Ihre Heilung öffnen kann. Ihr aufrichtiger, von Herzen gemeinter Dank ist der Schlüssel dafür, dass sich Heilung in die Zeit hinein ausdehnen kann. Denken Sie daran, dass wir nur eine einzige Zeit wirklich zur Verfügung haben, das ist die Gegenwart. Deshalb ist der Dank in der Gegenwarts-Formulierung richtig. Wir nehmen auf der Ebene der Vorstellung das Erreichen des gesunden Zustandes vorweg. Das ist ein sehr wirkungsvolles Vorgehen, um diesen Zustand auch zu erlangen. Gleichzeitig lassen wir die Zeit und das Leben wirken. Wir tun von unserer Seite aus, was wir können. Mehr können wir nicht tun. Das Leben findet dann schon einen Weg. Bleiben Sie einfach aufmerksam für das, was in der Folge geschieht. Was es auch ist, es ist das Richtige. Vertrauen Sie darauf! Auch wenn Heilung vielleicht nicht in der Art und Weise geschieht, wie Sie es erwartet haben, so geschieht mit einer großen Wahrscheinlichkeit eine andere Art von Heilung mit Ihnen. Schauen Sie in Dankbarkeit auf das Geschenk, das der »Große Geist« Ihnen schickt.

Wenn Sie mit einer Zahl »Danke« sagen möchten, dann ist es die 8. Denn die Quersumme der Buchstaben für »Danke« ist die 8.

D=4, A=1, N=5, K=2, E=5
4+1+5+2+5=17= Quersumme 8

Grundübung – Erweiterung

Körperhaltung – Mimik – Augenhaltung

Nehmen Sie eine entspannte Sitzhaltung ein. Ihre Wirbelsäule ist natürlich aufgerichtet. Lächeln Sie sich selbst freundlich zu. Suchen Sie nach Ihrem inneren Lächeln und lassen Sie es in Ihrem Gesicht erscheinen. Halten Sie die Augen halb oder ganz geschlossen und schauen Sie dabei nach oben, zum sogenannten »Dritten Auge« in der Mitte Ihrer Stirn. Mit dieser Augenhaltung stellen Sie eine biochemische Verbindung zur Amygdala her. Die Amygdala (deutsch: Mandelkern) ist Teil des limbischen Systems und verknüpft Erfahrungen mit Gefühlen und speichert diese. Sie ist der Sitz unseres emotionalen Gedächtnisses.

Legen Sie die linke Hand auf die Stelle an Ihrem Körper, die Ihnen intuitiv richtig erscheint. Das kann das Herz oder der Bauch sein, aber auch die Schulter oder irgendeine andere Stelle. Die rechte Hand halten Sie mit der Handfläche nach oben etwa in der Höhe des Kopfes in empfangender Stellung. Lächeln Sie! Erschaffen Sie ein gutes, positives Gefühl in sich.

Formulieren Sie Ihr Anliegen

Sagen Sie dabei innerlich leise oder laut: »Ich vertraue jetzt meiner Intuition! Mein Anliegen ist ...«
Formulieren Sie Ihr Anliegen in positiven Worten.

Konzentration auf die Zahl

Gehen Sie für ein paar Sekunden in den entspannten »leeren« Geisteszustand. Dann konzentrieren Sie sich auf die Zahl oder die Zahlenkombination, die für Ihr Anliegen steht. Lassen Sie die Zahl wie aus dem kosmischen Raum kommend in Ihrer Vorstellung erscheinen. Wenn es eine Zahlenkombination ist, lassen Sie die Zahlen der Reihe nach erscheinen. Wenn Sie mit Fantasie gesegnet sind, können Sie sich die Zahlen auch tanzend und in einer Farbe Ihrer Wahl vorstellen. Wenn Sie gut darin sind, mit mehreren Vorstellungen zugleich zu operieren, dann können Sie zum Beispiel die Zahlen in goldener Farbe tanzend inmitten des jeweiligen Symbols visualisieren. Sie können sich auf die Zahlen auch in Kombination mit dem Singen der Kabbala-Namen konzentrieren. Das sind Beispiele für erweiterte Konzentrationsübungen, falls Ihr Geist sich mit einfachen Vorstellungen langweilen sollte. Ansonsten üben Sie auf eine ganz einfache Weise. Stellen Sie sich vor, wie die Zahl in Ihrer rechten, nach oben offenen Handfläche gespeichert wird.

Führen Sie nun die rechte Hand von oben nach unten ganz langsam zu dem Teil Ihres Körpers, der Ihnen intuitiv richtig erscheint. Spüren Sie genau hin, wo Ihre Hand mit der gespeicherten Zahl hin will. Denken Sie nicht darüber nach. Wenn Sie die Stelle gefunden haben, lassen Sie Ihre Handfläche eine Weile dort ruhen. Spüren Sie die heilsame, wohltuende Wirkung, während die Heilzahlen auf diese Weise den Weg in Ihren physischen Körper finden. Ihre Amygdala speichert diese Erfahrung und hilft Ihnen dabei, gesund zu werden.

Bedanken Sie sich

Bedanken Sie sich am Ende der Übung. Sagen Sie innerlich oder laut: »Danke dafür, dass ich geheilt bin!« Verwenden Sie die Gegenwartsform! Wie bereits erwähnt, können Sie sich auch mit der Konzentration auf die Zahl 8 bedanken.
Wiederholen Sie diese Technik so lange, bis sich Ihr Problem gelöst hat. Erfolg wird durch Wiederholung, durch Übung erzielt. Das ist bei der Kunst des geistigen Heilens genauso wie bei jeder anderen Kunst. Ein Geiger hört auch nicht auf zu üben, nachdem er das erste Mal einen guten, angenehmen Ton auf seiner Geige erzeugt hat. Wenn er ausgerechnet dann aufhört, wenn sich das erste, zaghafte Gelingen anbahnt, kann kein Musiker aus ihm werden. Ihre Gesundheit ist ein hohes Gut. Die Mühe lohnt sich!

Grundübung – Erweiterung für das Wohl aller Wesen

Wenn wir Zahlen-Heilen für unser eigenes Wohl anwenden, leisten wir damit bereits einen guten Teil für das Wohl aller Wesen. Denn je gesünder der Einzelne ist, umso gesünder ist die Gesellschaft. Wir sind dann ein Teil der Lösung des Problems geworden, anstatt ein Teil des Problems zu sein. Wir können die Wirkung sowohl für uns selbst als auch für die Allgemeinheit noch steigern, indem wir unsere persönliche Anwendung ganz bewusst dem Wohl aller Wesen widmen.

Wenn wir uns selbst heilen möchten, dann erzeugen wir in unserem Emotionalkörper zunächst Mitgefühl und liebende Zuwendung zu uns selbst. Ohne Mitgefühl, ohne Liebe, ohne positiv ausgerichtete Gefühlsbewegung funktioniert geistiges Heilen nicht. Wir sehen uns vielleicht selbst als ein Bündel voller Elend und möchten diesen Zustand wirklich beenden. Deshalb schauen wir auf uns selbst mit den Augen des Mitgefühls und der Liebe und entwickeln mit den Gaben unseres Emotionalkörpers ein Bild davon, wie wir uns fühlen, wenn wir gesund sind. Wir schauen mit den Augen der Liebe Gesundheit in uns selbst hinein.

Wenn wir uns als Einzelwesen zum Beispiel von unseren Kopfschmerzen befreien wollen, warum dann nicht gleich den Wunsch hinzufügen, dass auch andere von Kopfschmerzen befreit sein mögen? Wenn wir diesen Wunsch aufrichtig in uns spüren können, dann sind wir ein gutes Stück auf dem Weg zur Ausschöpfung unseres menschlichen Potenzials weitergekommen. Dem frommen Wunsch lassen wir Taten folgen. Wir gehen in unsere Übung und dehnen unsere Vorstellung aus auf das Wohlergehen aller Wesen.

Wir setzen uns hin, halten die Augen halb geschlossen, schauen auf unser Drittes Auge und üben wie zuvor beschrieben. Wenn wir die Übung mit unserem Dank beendet haben, falten wir die Hände und sprechen leise oder im Stillen:

»Ich widme diese Übung dem Wohlergehen aller Wesen. Mögen alle glücklich und gesund sein und in Frieden leben!«

Dann führen wir unsere Hände zum Herzen hin und machen eine Geste der Ausschüttung unseres Herzenswunsches in die Welt hinaus. Mit diesem Satz und mit dieser Geste senden wir einen geistigen Impuls, der auf jeden Fall heilsam ist.

Das scheinbar Unmögliche möglich machen

Zahlen-Heilen ist eine spirituelle Heilmethode, die jeder anwenden kann und die jedem zu empfehlen ist. Der Nutzen hängt davon ab, ob wir bereit sind, die Methode anzunehmen, zu verinnerlichen und zu praktizieren. Natürlich kommt es auch darauf an, ob wir Engagement aufbringen. Das ist bei jeder spirituellen Heilmethode so. Ein einmaliges halbherziges Herunterleiern einer Zahlenkombination wird nicht viel helfen können. Wir können uns zu Beginn von erfahrenen Heilern und Heilerinnen begleiten lassen. Am besten aber ist es, wenn wir so weit kommen, dass wir uns selbst helfen können. Es ist wichtig, uns daran zu erinnern, dass wir einen sehr edlen inneren Kern besitzen, ein kostbares Juwel, das wir hüten und bewahren sollen: unser Menschenleben. Wenn unser konkretes Arbeiten an unserem Heilwerden in einem größeren spirituellen Rahmen eingebettet ist, können langfristig auch größere Wirkungen entstehen. Zahlen sind dafür ein wunderbarer spiritueller Rahmen. Alles ist Zahl! Alles ist Eins. Wir sind alle Eins. Wir gehören alle zusammen. Am Ende haben wir einen neuen Glauben. Wir wissen, dass das scheinbar Unmögliche möglich ist. Mögen wir alle glücklich, gesund und in Frieden leben! Ich wünsche Ihnen viel Erfolg bei der Anwendung!

Dank

Tausend Dank an alle, die mich inspiriert, kritisiert, ermutigt und beeinflusst haben und damit am Entstehen dieses Buches mitgewirkt haben. Vor allem möchte ich Ihnen, meinen Leserinnen und Lesern, danken. Ohne Ihr Interesse, ohne Ihr Vertrauen und ohne Ihre Bereitschaft, auch neue und außergewöhnliche Heilmethoden kennenzulernen, wäre dieses Buch nicht zustande gekommen.
Danke an die Mitarbeiter und Mitarbeiterinnen des nymphenburger Verlags für die Verwirklichung des Projekts.
Danke an meine Familie für die konstruktiven kritischen Betrachtungen und die Zeit, die ihr euch dafür genommen habt. Danke an meinen getreuen Brieffreund Harald für die ehrlichen Rückmeldungen zum Manuskript. Danke für die Inspirationen und den Rückhalt der Freundinnen vom Heilerinnen-Kreis. Danke an die Freundinnen vom Frauenkreis für die Gesprächsrunden und die gemeinsamen ermutigenden Rituale und Orakel. Ein ganz besonderer Dank gilt meinen Söhnen Oliver und Jakob für die Erstellung der Grafiken und für die Begleitung bei Fachfragen aus mathematischer Sicht.
Schließlich möchte ich mich aus tiefstem Herzen bei Gottfried Wilhelm Leibniz bedanken, der mir ganz zu Beginn meiner Arbeit an diesem Buch im Traum

erschienen ist. Er versuchte, mir die Zahl 8 zu erklären. Ich glaube, Gottfried Wilhelm Leibniz hat dieses Buch-Projekt mit seinem Traum-Erscheinen gesegnet. »Wir sind gleichsam Zwerge, die auf den Schultern von Titanen sitzen, um mehr und Entfernteres als diese sehen zu können – freilich nicht dank eigener scharfer Sehkraft oder Körpergröße, sondern weil die Größe der Riesen uns zu Hilfe kommt und uns emporhebt« (zitiert nach Bernhard von Chartres, um 1120).

Gottfried Wilhelm Leibniz war ein solcher Titan des Geistes. Er war seiner Zeit weit voraus und hat damals Impulse gesetzt, die heute noch wirken. Ich bin überzeugt, dass er Zahlen-Heilen gegenüber sehr offen wäre, würde er heute leben. Schließlich hat er mit seinen Gedanken von einer Vernunft, die sich in Zahlen ausdrücken lässt, meines Erachtens auch erste Grundlagen für das Zahlen-Heilen geschaffen.

Sein Traum-Geistkörper hat mich die ganze Zeit über begleitet und die Frage beschäftigt mich noch immer, was er eigentlich genau sagen wollte, als er mir ausgerechnet die Zahl 8 im Traum zeigte. Vielleicht wollte er mich auf die Kraft der beständigen Verdoppelung hinweisen, die sehr schnell sehr hohe Zahlen erzeugt. Vielleicht wollte er mit der 8 auf das Unendlichkeitszeichen weisen. Vielleicht aber geht es um die große und heilsame Bedeutung des Wortes »Danke« mit seiner Quersumme 8, das ich dem letzten großen Universalgelehrten seiner Zeit aus dem tiefstem Grund meines Seins heute zurückspiegeln möchte! Im – von ihm erfundenen – dualen Zahlensystem wird die Zahl 8 so ausgedrückt: 1000.

In diesem Sinne noch einmal: 1000 Danke! An Alle für Alles!

Literatur

Franz Bardon: Der Schlüssel zur wahren Quabbalah. Rüggeberg Verlag, Wuppertal 1994.

Erich Bischoff, Jakob Winter, August Wünsche: Die Kabbala. Voltmedia GmbH; Paderborn (keine Jahreszahl).

Hans Cousto: Die Töne der kosmischen Oktave (Coproduktion von Verlag Simon + Leutner, Oranienstr. 24, 1000 Berlin 36 und Aquarius Vertrieb, Gutenbergstr. 5, 8031 Gilching), 1989.

Petra von Cronenburg: Schwarze Madonnen. Sphinx Verlag, München 1999.

Johannes Galli: Die sieben Kellerkinder® – Die Entdeckung der Kraftquelle. Band 1: Die sieben Charaktertypen. Galli Verlag, 4. Auflage, Freiburg 2008.

Johannes Galli: Die sieben Kellerkinder® – Spiegel der eigenen Kreativität. Band 2: Fallbeispiele, Kellerkinderaufstellung. Galli Verlag, 2. Auflage, Freiburg 2010.

Johannes Galli: Tanzmeditationen – Die sieben Kellerkinder®, Clown. Ausführliche Anleitung. Galli Verlag, Freiburg 2000.

Johannes Galli, Michael Summ: CD Die sieben Kellerkinder®, Tanzmeditation, Galli Verlag, Freiburg 2000.

Grigori Grabovoi: Wiederherstellung des menschlichen Organismus durch Konzentration auf Zahlen. RARE WARE Medienverlag (bis 2010) und Jelezky Publishing (ab 2011), beide Hamburg.

Marion Küstenmacher, Tilmann Haberer, Werner Tiki Küstenmacher: Gott 9.0. Gütersloher Verlagshaus, Gütersloh 2010.

Lao Tse: Tao-Te-King. Ins Deutsche übertragen von Hans Knospe und Odette Brändli, Diogenes Verlag, Zürich 1985.

Petra Neumayer: Heilen mit Zahlen. Mankau Verlag GmbH, Murnau 2011.

Geshe Rabten: Der Geist und seine Funktionen. Edition Rabten, Le Mont-Pèlerin (CH) 2003.

Gonsar Rinpoche: Bedeutung des Mandala. Edition Rabten, Le Mont-Pèlerin (CH) 2006.

Annemarie Schimmel, Franz Carl Endres: Das Mysterium der Zahl. Diederichs Gelbe Reihe, Heinrich Hugendubel Verlag, München 1984.

R.L. Wing: Das Arbeitsbuch zum I Ging. Goldmann, München 2004.

www.berzinarchives.com
www.wikipedia.de

Die spirituelle Kraft des Glaubens

Das alte Wissen vom Heilen wurde mündlich von einer Generation zur nächsten weitergegeben. »Gesundbeten« war jahrhundertelang eine der wichtigsten Säulen der medizinischen Versorgung in Europa. Monika Herz lernte die Kunst der Gebetsheilung bei einem alten Heiler: Krankheiten und Leiden werden dabei durch Gebete zum Verschwinden gebracht, die Menschen erfahren Schutz und Stärkung. Die Heilung »geschieht«, der Mensch ist nur ihr Vermittler.

Erstmals versammelt die Autorin in diesem Buch Gebete, die jeder anwenden kann, um sich und anderen zu helfen.

Monika Herz
Alte Heilgebete
152 Seiten, ISBN 978-3-485-01319-2

nymphenburger   www.nymphenburger-verlag.de

Alte Überlieferungen aus aller Welt

Die Seele schaut in Bildern: In allen religiösen Traditionen gibt es Heilgeschichten. Sie berühren die tieferen Schichten im Menschen, die vom Verstand nicht erreicht werden können, und haben deshalb die Kraft zu heilen.

Monika Herz arbeitet als Schamanin mit diesen alten Überlieferungen, »um das Auge unseres Herzens wieder zu öffnen, mit dem wir Gott sehen können«. Sie erzählt Geschichten von Jesus und Buddha, von Sufi-Meistern und Ganesha, von Tara und japanischen Zen-Meistern und erklärt nach jeder Geschichte, wie wir sie für unsere persönliche Entwicklung und Heilung anwenden können.

Monika Herz
Geschichten, die heilen
176 Seiten, ISBN 978-3-485-01378-9
Auch als Hörbuch: 2 CDs, ISBN 978-3-7844-4256-3

nymphenburger   *www.nymphenburger-verlag.de*